JN071306

令和4年4月〜6月　第127集

裁決事例集

一般財団法人 大蔵財務協会

は　じ　め　に

　現在、国税不服審判所における審査請求事件の裁決については、法令の解釈、運用上先例となり、他の参考となる重要な判断を含んだもの、また、事実認定に関し他の参考となる判断を含んだもの等が公表されています。

　本書は、国税不服審判所より公表された裁決を、多くの税理士、公認会計士、弁護士、行政法学者等の方々の便に資するため四半期ごとに取りまとめて「裁決事例集」として発行しているものです。

　今版は、「裁決事例集（第127集）」として、令和4年4月から令和4年6月分までの間に公表された裁決を収録しておりますが、今後公表される裁決についても逐次刊行していく予定です。

　本書が、日頃の税務上の取扱いの判断の参考となり税務事務の一助となれば幸いです。

　なお、収録されている裁決が、その後の国税に関する処分の取消訴訟において、その処分の全部又は一部が取り消されている場合がありますので、本書のご利用に際してはご注意ください。

令和5年2月

目　　次

〈令和 4 年 4 月分〜 6 月分〉

一　国税通則法関係

一　国税通則法

〈令和4年4月～6月分〉

事例 1　（重加算税　隠ぺい、仮装の認定　認めなかった事例）

請求人が生命保険金を含めずに所得税等の確定申告をしたことについて、当初から過少に申告することを意図し、その意図を外部からもうかがい得る特段の行動をしたと認めることはできないとして、重加算税の賦課決定処分を取り消した事例（令和元年分の所得税及び復興特別所得税に係る重加算税賦課決定処分・一部取消し・令和4年4月15日裁決）

《ポイント》

　本事例は、請求人が、生命保険金等の存在や申告の必要性を一旦は認識していたものの、確定申告時にその存在や申告の必要性を直ちに認識していたとまではいえず、当初から当該生命保険金等を申告しないことを意図していたとはいえない上、請求人が、過少申告の意図を外部からもうかがい得る特段の行動をしたとも認められないことから、国税通則法第68条《重加算税》第1項に規定する重加算税の賦課要件は充足しないとしたものである。

《要旨》

　原処分庁は、請求人が生命保険会社から振り込まれた保険契約に基づく一時金及び定期支払金（本件一時金等）を含めずに所得税及び復興特別所得税（所得税等）の確定申告（本件確定申告）をしたことについて、請求人が、本件一時金等が課税の対象となることを十分に認識しながら申告書の作成を補助した請求人の親族に本件一時金等が振り込まれた預金口座の通帳を提示しなかったことや、本件一時金等の支払明細等を廃棄したことは、当初から所得を過少に申告することを意図し、その意図を外部からもうかがい得る特段の行動をした上、その意図に基づく過少申告をした場合に当たるから、国税通則法第68条《重加算税》第1項に規定する重加算税の賦課要件を満たす旨主張する。

　しかしながら、請求人は、上記保険の取扱代理店である銀行の担当者から、上記一時金についての課税関係の説明を受け、上記支払明細等の送付を受けていたことから、本件一時金等の存在や申告の必要性を一旦認識することができたものと認められるが、過去5年間のうち一度しか所得税等の確定申告をしておらず、本件確定申告についても、金地金の売却利益について申告が必要である旨記載された税務署からのお知らせが届い

たことを動機として行ったものであり、遺族年金を含めて申告するなど、請求人に確定申告の経験や税務の知識が豊富にあったとはいえないこと、上記説明が口頭により行われていた上、同説明があったのは本件確定申告の時点から約1年以上も前で、上記支払明細等の送付も本件確定申告の時点から9か月以上前であったことなどからすれば、請求人が、本件確定申告の時点において、本件一時金等の存在や申告の必要性を直ちに認識していたとまではいえず、請求人が本件一時金等を申告しないことを意図していたとはいえない。また、請求人が親族に本件通帳を提示しなかったことについては、請求人が親族に申告書の作成の補助を依頼した際のやり取りが不明であること、上記支払明細等を破棄したことについても、意図的に廃棄したとは認められないことから、これらをもって、請求人が過少申告の意図を外部からもうかがい得る特段の行動をしたとは認められない。

《参照条文等》

　国税通則法第68条第1項

《参考判決・裁決》

　最高裁平成7年4月28日第二小法廷判決（民集49巻4号1193頁）

　広島高裁岡山支平成22年10月28日判決（税資260号順号11542）

（令和4年4月15日裁決）

《裁決書（抄）》

1 事　実

(1)　事案の概要

　　　本件は、審査請求人（以下「請求人」という。）が、生命保険契約等に基づく一時金等を一時所得等に含めるなどして所得税等の修正申告をしたところ、原処分庁が、請求人の過少申告について隠蔽又は仮装の事実があるとして重加算税の賦課決定処分をしたのに対し、請求人が、原処分のうち過少申告加算税相当額を超える部分の取消しを求めた事案である。

(2)　関係法令

　　　国税通則法（以下「通則法」という。）第68条《重加算税》第1項は、通則法第65条《過少申告加算税》第1項の規定に該当する場合において、納税者がその国税の課税標準等又は税額等の計算の基礎となるべき事実の全部又は一部を隠蔽し、又は仮装し、その隠蔽し、又は仮装したところに基づき納税申告書を提出していたときは、当該納税者に対し、政令で定めるところにより、過少申告加算税の額の計算の基礎となるべき税額（その税額の計算の基礎となるべき事実で隠蔽し、又は仮装されていないものに基づくことが明らかであるものがあるときは、当該隠蔽し、又は仮装されていない事実に基づく税額として政令で定めるところにより計算した金額を控除した税額）に係る過少申告加算税に代え、当該基礎となるべき税額に100分の35の割合を乗じて計算した金額に相当する重加算税を課する旨規定している。

(3)　基礎事実

　　　当審判所の調査及び審理の結果によれば、以下の事実が認められる。

　イ　請求人は、年金受給者であり、令和元年分における公的年金等（所得税法第35条《雑所得》第3項に規定する公的年金等をいう。以下同じ。）の収入金額は○○○○円であった。

　ロ　請求人は、下記(イ)及び(ロ)のとおり、各保険会社（以下「本件各保険会社」という。）との間で、保険契約者及び被保険者をいずれも請求人とする各保険契約を締結し、本件各保険会社から当該各保険契約に基づく一時金（以下「本件一時金」という。）及び定期支払金（以下「本件定期支払金」といい、本件一時金と併せて「本件一時金等」という。）を、D銀行○○支店の請求人名義の普通預金

口座（以下「本件口座」という。）への振込みにより受領した。

　(イ)　本件一時金について

　　　　保険会社：E社

　　　　契約内容：○○○○○

　　　　契約年月日：平成21年（2009年）2月4日

　　　　振込年月日：平成31年（2019年）2月6日

　　　　支払金額：○○○○円（これに対応する既払保険料は40,000,000円）

　(ロ)　本件定期支払金について

　　　　保険会社：F社

　　　　契約内容：○○○○○

　　　　契約年月日：平成30年（2018年）6月7日

　　　　振込年月日：令和元年（2019年）6月11日

　　　　支払金額：○○○○円（これに対応する必要経費等の金額は489,633円）

　ハ　本件各保険会社は、請求人に対し、本件一時金等の振込日と前後して、本件一時金に係るものとして「○○○支払明細書・お手続き結果のお知らせ」と題する書面を、本件定期支払金に係るものとして「お支払明細」と題する書面（以下、これらの書面を併せて「本件各書面」という。）をそれぞれ送付した。

　　　本件各書面のうち、「○○○支払明細書・お手続き結果のお知らせ」と題する書面には、本件一時金は一時所得として所得税の課税対象となる旨が、「お支払明細」と題する書面には、本件定期支払金は雑所得として所得税の課税対象となる旨が、それぞれ記載されていた。

　ニ　請求人は、令和元年（2019年）8月19日、金地金の売却代金○○○○円をD銀行○○○支店の請求人名義の普通預金口座（以下「本件○○○口座」という。）への振込みにより受領した。

(4)　審査請求に至る経緯

　イ　請求人は、令和2年（2020年）2月、原処分庁から、「令和元年分譲渡所得がある場合の確定申告のお知らせ」と題する書面（以下「本件お知らせ」という。）の送付を受けた。

　　　本件お知らせには、令和元年（平成31年（2019年））中に不動産・金地金等の譲渡（売却）による利益が発生している場合、他の所得とともに所得税及び復興

特別所得税（以下「所得税等」という。）の確定申告が必要となる旨記載されていた。

ロ　請求人は、令和元年分の所得税等について、確定申告書に別表の「確定申告」欄のとおり記載して、法定申告期限内に申告した（以下、当該申告を「本件確定申告」といい、本件確定申告に係る申告書を「本件確定申告書」という。）。

なお、請求人は、本件確定申告書の作成に当たり、請求人の子の夫であるG（以下「本件親族」という。）にその作成の補助を依頼した。

ハ　原処分庁所属の調査担当職員（以下「本件調査担当職員」という。）は、令和2年（2020年）10月27日、請求人宅に臨場し、請求人に対する所得税等の調査を行った。その際、本件調査担当職員は、請求人から、本件口座の預金通帳（以下「本件通帳」という。）の提示を受け、請求人に対し、本件確定申告において本件一時金等が申告漏れとなっている旨指摘した。

ニ　請求人は、令和3年（2021年）1月27日、令和元年分の所得税等について、本件一時金等に係る所得を一時所得又は雑所得とするなどして、修正申告書に別表の「修正申告」欄のとおり記載して、修正申告（以下「本件修正申告」という。）をした。

ホ　原処分庁は、令和3年（2021年）2月26日付で、請求人が本件一時金等を申告しなかったことについて、隠蔽又は仮装の事実が認められるとして、別表の「賦課決定処分」欄のとおり、重加算税の賦課決定処分（以下「本件賦課決定処分」という。）をした。

ヘ　請求人は、本件賦課決定処分に不服があるとして、令和3年（2021年）5月13日に審査請求をした。

2　争　点

請求人が本件確定申告において本件一時金等を申告しなかった行為は、通則法第68条第1項に規定する重加算税の賦課要件を満たすか否か。

3　争点についての主張

原処分庁	請求人
(1)　請求人は、特定口座における所得は申告不要である旨理解しているなど、税金	(1)　請求人は、税務に精通しているわけではなく、また、本件各書面には「所得税

に係る知識を一定程度有していた上、本件一時金等について、本件各保険会社から課税対象となる旨記載された本件各書面を受け取るなど、本件一時金等が一時所得又は雑所得として課税の対象となることを十分に認識していた。

(2) 請求人は、本件お知らせの送付を受けた際、本件一時金等について自らの想定を超える税負担を回避するため、本件親族に対し、本件通帳を提示せず、金地金の売却代金が振り込まれた本件〇〇〇口座の預金通帳を提示して、本件確定申告書を作成した。

(3) 請求人は、本件一時金等を申告しないことを意図して、本件各書面を廃棄し、その後本件各保険会社に再発行を依頼しなかった。

(4) 以上のことから、請求人が本件一時金等に係る所得を含めずに本件確定申告をしたことは、当初から所得を過少に申告することを意図し、その意図を外部からもうかがい得る特段の行動をした上、その意図に基づく過少申告をしたものというべきである。

 したがって、請求人が本件確定申告において本件一時金等を申告しなかった行為は、通則法第68条第1項に規定する重加算税の賦課要件を満たす。

の確定申告が必要である」という明確な記載がないから、単に請求人に本件一時金等の課税関係を記した書類が送付されていることをもって請求人がその課税関係を十分に認識していたと認定することはできない。

(2) 請求人は、所得税等の申告経験がなかったため、本件確定申告書の作成に当たって、その作成の補助を依頼した本件親族の求めに応じて本件〇〇〇口座の預金通帳を提示したのであり、本件通帳については、求めがなかったから提示しなかったにすぎない。

(3) 請求人は、本件各書面を廃棄したが、何ら意図せずに「書類の廃棄」をしたにすぎない。

(4) 以上のことから、請求人が本件一時金等に係る所得を含めずに本件確定申告をしたことは、当初から所得を過少に申告することを意図し、その意図を外部からもうかがい得る特段の行動をした上、その意図に基づく過少申告をしたような場合には当たらない。

 したがって、請求人が本件確定申告において本件一時金等を申告しなかった行為は、通則法第68条第1項に規定する重加算税の賦課要件を満たさない。

4　当審判所の判断

(1)　法令解釈

　　重加算税の制度は、納税者が過少申告することについて、隠蔽、仮装という不正
　手段を用いていた場合に、過少申告加算税よりも重い行政上の制裁を科することに
　よって、悪質な納税義務違反の発生を防止し、もって申告納税制度による適正な徴
　税の実現を確保しようとするものである。

　　したがって、重加算税を課するためには、納税者のした過少申告行為そのものが
　隠蔽、仮装に当たるというだけでは足りず、過少申告行為そのものとは別に、隠蔽、
　仮装と評価すべき行為が存在し、これに合わせた過少申告がされたことを要するも
　のである。しかし、上記の重加算税制度の趣旨に鑑みれば、架空名義の利用や資料
　の隠匿等の積極的な行為が存在したことまで必要であると解するのは相当でなく、
　納税者が、当初から所得を過少に申告することを意図し、その意図を外部からもう
　かがい得る特段の行動をした上、その意図に基づく過少申告をしたような場合には、
　重加算税の賦課要件が満たされるものと解するのが相当である（最高裁平成7年4
　月28日第二小法廷判決・民集49巻4号1193頁参照）。

(2)　認定事実

　　原処分関係資料並びに当審判所の調査及び審理の結果によれば、以下の事実が認
　められる。

　イ　本件一時金等の受領前後における請求人の行為について

　　(イ)　請求人は、平成30年（2018年）6月7日、本件定期支払金に係る保険（上記
　　　1の(3)のロの(ロ)）の取扱代理店であったD銀行の○○支店（以下「D○○支
　　　店」という。）において、当該保険の契約を締結した。

　　(ロ)　請求人は、本件一時金を受領する前に、D○○支店で請求人を担当する営業
　　　担当者（以下「本件D担当者」という。）から、口頭で、本件一時金が一時所
　　　得に該当し所得税等の確定申告が必要となる旨の説明を受けた。

　　(ハ)　請求人は、本件各保険会社から送付された本件各書面をいずれも廃棄してい
　　　た。

　ロ　請求人の確定申告の状況について

　　(イ)　請求人は、平成26年分ないし平成30年分の所得税等について、平成28年分を
　　　除き確定申告をしていなかった。また、平成28年分は、上場株式等に係る譲渡

— 9 —

損失の繰越控除の適用を受けるためにした申告であった。

　(ロ)　請求人は、本件お知らせが届いた後、金地金の売却による利益について本件
　　　確定申告をするため、本件親族に本件確定申告書の作成の補助を依頼した。

　(ハ)　請求人は、本件確定申告において、公的年金等の収入金額を○○○○円とし
　　　て、雑所得の金額を算定していた。この収入金額には、非課税所得に該当する
　　　いわゆる遺族年金の受給額（○○○○円）も含まれていた。

(3)　検討

　本件においては、架空名義の利用や資料の隠匿等といった積極的な行為が存在し
ないことは明らかであるから、請求人が本件一時金等を本件確定申告において申告
しなかった行為が、通則法第68条第1項に規定する重加算税の賦課要件を満たすか
否かについては、上記(1)の法令解釈に照らし、請求人が当初から本件一時金等を申
告しないことを意図し、その意図を外部からもうかがい得る特段の行動をした上、
その意図に基づく過少申告をしたような場合に該当するか否かにより判断すべきと
解される。そこで、以下検討する。

イ　請求人が本件一時金等を申告しないことを意図していたか否かについて

　(イ)　請求人は、上記(2)のイの(ロ)のとおり、本件一時金を受領する前に、本件D担
　　　当者から本件一時金に係る課税関係の説明を受けていた。

　　　また、上記1の(3)のハのとおり、本件各保険会社から請求人に対し本件各書
　　　面が送付されており、本件各書面には、いずれも本件一時金等が所得税の課税
　　　対象となる旨記載されていた。

　　　これらのことからすると、請求人は、少なくとも本件一時金等の支払がされ
　　　る前後の時点において、本件一時金等について、その存在及び所得税等の申告
　　　の必要性を認識することができたものと認められる。

　(ロ)　一方で、請求人は、上記(2)のロの(イ)のとおり、少なくとも平成26年分ないし
　　　平成30年分の所得税等については、平成28年分を除いて確定申告をしておらず、
　　　また、令和元年分においても、同(ロ)のとおり、原処分庁から本件お知らせが届
　　　いたことを動機として、金地金の売却による利益について本件確定申告をした
　　　が、その際、同(ハ)のとおり、非課税所得である遺族年金の受給額も含めて、本
　　　件親族に本件確定申告書の作成の補助を依頼している。

　　　このような状況を踏まえると、請求人は、少なくとも確定申告の経験や税務

の知識が豊富であったとはいえない。

(ハ) 加えて、請求人は、上記(イ)のとおり、本件一時金等の支払がされる前後の時点において、本件一時金等について所得税等の申告の必要性を認識することができたと認められるものの、上記(2)のイの(ロ)のとおり、本件D担当者による本件一時金に係る課税関係の説明は口頭により行われており、その説明のあった時期は本件確定申告の時点から約1年以上も前である。また、本件各書面は、本件一時金等の支払明細として送付されたものに所得税の課税の取扱いが付記されたもので、請求人に送付された時期（平成31年（2019年）2月頃及び令和元年（2019年）6月頃）は、いずれも本件確定申告の時点から9か月以上前である。

(ニ) そして、請求人は、上記1の(4)のハのとおり、本件調査担当職員による調査の当日に、本件一時金等が入金された本件通帳を本件調査担当職員に対し提示し、本件調査担当職員から本件一時金等の申告漏れを指摘されると、同ニのとおり、その申告漏れを認めて本件修正申告をしている。

(ホ) これらのことを併せ考えると、請求人が本件D担当者から本件一時金に係る課税関係の説明を受けた事実、あるいは、請求人が本件各保険会社から本件各書面の送付を受けた事実だけをもって、請求人が、本件確定申告の時点において、本件一時金等の存在及び所得税等の申告の必要性を直ちに認識していたまではいえず、本件調査担当職員による調査以後の請求人の対応も踏まえると、本件において、請求人が本件一時金等を申告しないことを意図していたとまではいえない。

ロ 請求人が過少申告の意図を外部からもうかがい得る特段の行動をしたか否かについて

(イ) 上記イの(ホ)のとおり、請求人が本件確定申告の時点で本件一時金等を申告しないことを意図していたとまではいえないが、仮に、請求人が本件一時金等の存在及び所得税等の申告の必要性を認識していたとした場合に、請求人が過少申告の意図を外部からもうかがい得る特段の行動をしたか否かについて、以下検討する。

(ロ) 本件においては、請求人が、本件親族に対し本件一時金等の存在を伝えなかった（本件通帳を提示しなかった）ことから、本件一時金等が本件確定申告の

対象から遺漏し、過少申告になったことは原処分庁の指摘するとおりである。

しかしながら、原処分関係資料及び当審判所の調査の結果によれば、請求人と本件親族との間において、本件確定申告書の作成の補助を依頼した際にどのようなやり取りがあったのかは明らかではなく、また、本件一時金等の存在が殊更問題となっていたとする事情も認められないことからすれば、請求人が本件親族に本件一時金等の存在を伝えなかった理由を明らかにすることはできない。

(ハ) 請求人は、上記(2)のイの(ハ)のとおり、本件各書面をいずれも廃棄しているが、その事情についても、原処分関係資料及び当審判所の調査の結果によれば、請求人が意図的に本件各書面を廃棄した事実は認められず、請求人が本件各書面についてその内容を理解しないまま廃棄した可能性は否定できない。また、そうである以上、請求人が本件各保険会社に対し本件各書面の再発行を依頼するに至っていないとも考えられる。

(ニ) 以上のことから、請求人が本件親族に本件通帳を提示しなかった、あるいは、本件各書面を廃棄したことをもって、請求人が過少申告の意図を外部からもうかがい得る特段の行動をしたとは認められない。

ハ 小括

以上のとおり、本件においては、請求人が当初から本件一時金等を申告しないことを意図し、その意図を外部からもうかがい得る特段の行動をした上、その意図に基づく過少申告をした場合に該当するような事実は認められない。

したがって、請求人が本件確定申告において本件一時金等を申告しなかった行為は、通則法第68条第1項に規定する重加算税の賦課要件を満たすとは認められない。

(4) 原処分庁の主張について

原処分庁は、上記3の「原処分庁」欄のとおり、請求人は、本件一時金等について課税の対象となることを十分に認識していたにもかかわらず、本件一時金等についての税負担を回避するため、本件親族に本件通帳を提示しなかったこと、また、本件一時金等を申告しないことを意図して、本件各書面を廃棄し、その後本件各保険会社に再発行を依頼していなかったことは、請求人が当初から所得を過少に申告することを意図し、その意図を外部からもうかがい得る特段の行動に当たる旨主張

する。

　　しかしながら、上記(3)のハのとおり、請求人は、本件確定申告の時点において、本件一時金等を申告しないことを意図していたとまではいえず、また、本件親族に本件通帳を提示しなかった、あるいは、本件各書面を廃棄したという請求人の行為をもって、請求人が過少申告する意図を外部からもうかがい得る特段の行動をしたとは認められない。

　　したがって、原処分庁の主張はいずれも理由がない。

(5)　本件賦課決定処分の適法性について

　　上記(3)のハのとおり、請求人が本件確定申告において本件一時金等を申告しなかった行為は、通則法第68条第1項に規定する重加算税の賦課要件を満たさず、そのほかに、請求人が当初から本件一時金等を申告しないことを意図し、その意図を外部からもうかがい得る特段の行動をした上、その意図に基づく過少申告をした場合に該当する事実も認められない。他方、請求人について、通則法第65条第1項所定の要件を充足するところ、本件修正申告により納付すべき税額の計算の基礎となった事実のうちに本件修正申告前の税額の計算の基礎とされていなかったことについて、同条第4項第1号に規定する正当な理由があるとは認められない。

　　そして、本件賦課決定処分のその他の部分については、請求人は争わず、当審判所に提出された証拠資料等によっても、これを不相当とする理由は認められない。

　　したがって、本件賦課決定処分は、過少申告加算税相当額を超える部分の金額につき違法であり、別紙の「取消額等計算書」のとおり取り消すのが相当である。

(6)　結論

　　よって、審査請求には理由があるから、原処分の一部を取り消すこととする。

別表　審査請求に至る経緯（省略）

別紙　取消額等計算書（省略）

事例2 （重加算税　隠ぺい、仮装の認定　認めなかった事例）

請求人が相続財産の一部の貯金のみを申告していなかったことについて、当初から過少に申告することを意図し、その意図を外部からもうかがい得る特段の行動をしたと認めることはできないとして、重加算税の賦課決定処分を取り消した事例（平成30年11月相続開始に係る相続税の重加算税の賦課決定処分・一部取消し・令和4年5月10日裁決）

《ポイント》

　本事例は、申告漏れとなっていた貯金について、相続税の申告からあえて当該貯金のみを除外する意図が請求人にあったものとは認められない上、他の預貯金とは異なり残高証明書の発行依頼をしなかったことが故意によるものとは認め難く、また、請求人が、申告書の作成を依頼した会計事務所に対し当該貯金の存在を故意に伝えなかったと認めることもできないとして、当初から相続財産を過少に申告することを意図し、その意図を外部からもうかがい得る特段の行動をしたと評価すべき事情は認められないとしたものである。

《要旨》

　原処分庁は、申告漏れとなっていた貯金（本件貯金）について、請求人が被相続人名義の預貯金のうち本件貯金についてのみ残高証明書を取得することなく相続手続を行うという特異な行動をしていること、及び請求人が本件貯金の存在を認識していたにもかかわらず、これを相続税の申告書の作成を依頼した会計事務所（本件会計事務所）に対して伝えていないことが、請求人の当初から相続財産を過少に申告する意図を外部からもうかがい得る特段の行動であり、請求人には国税通則法第68条《重加算税》第1項に規定する「隠蔽し、又は仮装し」に該当する事実があった旨主張する。

　しかしながら、相続税の申告からあえて本件貯金のみを除外しようとする意図が請求人にあったものとは認められない上、請求人が訪れた金融機関における貯金の一般的な相続手続などからすると請求人が誤解や失念により本件貯金の残高証明書を取得しなかった可能性も否定できないから、請求人が本件貯金についてのみ特異な行動をしたと断ずることはできず、本件貯金の残高証明書の発行依頼をしなかったことは故意によるも

のとは認めがたく、また、請求人が本件会計事務所に対して本件貯金の存在を故意に伝えなかったと認めることもできないから、請求人の一連の行為において当初から相続財産を過少に申告する意図を外部からもうかがい得る特段の行動をしたものと評価すべき事情は認められない。

《参照条文等》
　国税通則法第68条第1項

《参考判決・裁決》
　最高裁平成7年4月28日第二小法廷判決（民集49巻4号1193頁）

（令和 4 年 5 月10日裁決）

《裁決書（抄）》

1　事　実

(1)　事案の概要

　　本件は、審査請求人（以下「請求人」という。）が、原処分庁所属の調査担当職員の調査を受け、相続税の修正申告をしたところ、原処分庁が、被相続人名義の貯金を申告していなかったことにつき、隠蔽又は仮装の行為があったとして重加算税の賦課決定処分を行ったのに対し、請求人が、隠蔽又は仮装の行為はないとして、当該処分のうち、過少申告加算税相当額を超える部分の取消しを求めた事案である。

(2)　関係法令

　　国税通則法（以下「通則法」という。）第68条《重加算税》第 1 項は、通則法第65条《過少申告加算税》第 1 項の規定に該当する場合において、納税者がその国税の課税標準等又は税額等の計算の基礎となるべき事実の全部又は一部を隠蔽し、又は仮装し、その隠蔽し、又は仮装したところに基づき納税申告書を提出していたときは、当該納税者に対し、政令で定めるところにより、過少申告加算税の額の計算の基礎となるべき税額に係る過少申告加算税に代え、当該基礎となるべき税額に100分の35の割合を乗じて計算した金額に相当する重加算税を課する旨規定している。

(3)　基礎事実

　　当審判所の調査及び審理の結果によれば、次の事実が認められる。

　イ　F（以下「本件被相続人」という。）は、平成30年11月○日（以下「本件相続開始日」という。）に死亡し、その相続（以下「本件相続」という。）が開始した。本件相続に係る共同相続人は、本件被相続人の妻である請求人及び本件被相続人の長男であるG（以下「本件長男」といい、請求人と併せて「本件相続人ら」という。）の 2 名である。

　ロ　本件相続人らは、本件相続の開始後、間もなく、本件相続に係る相続税の申告書の作成（以下「本件業務」という。）を税理士法人H（以下「本件会計事務所」という。）に依頼した。本件会計事務所における本件業務の担当税理士はJ（以下「本件税理士」という。）であり、主な担当事務員はK（以下「本件事務員」という。）であった。

ハ　請求人は、平成31年1月8日に、L銀行〇〇支店の本件被相続人名義の預金口座について、翌9日には、M銀行〇〇支店及びN信用金庫〇〇支店の本件被相続人名義の各預金口座について、それぞれ本件相続開始日現在の残高証明書を上記の各金融機関から取得した（以下、L銀行〇〇支店、M銀行〇〇支店及びN信用金庫〇〇支店の本件被相続人名義の各預金を併せて「本件各預金」といい、本件各預金の口座を「本件各預金口座」という。）。なお、本件各預金口座に係る本件相続開始日現在の残高は、L銀行〇〇支店においては172,949,470円であり、M銀行〇〇支店においては42,481,348円であり、N信用金庫〇〇支店においては66,412,551円であり、これらの合計は281,843,369円である。

ニ　請求人は、平成31年1月8日及び同月29日に、Pを訪れ、Q銀行の本件被相続人名義の貯金（以下「本件貯金」といい、本件貯金に係る貯金口座を「本件貯金口座」という。）について、Q銀行の請求人名義の〇〇貯金口座（〇〇〇〇。以下「本件請求人貯金口座」という。）に払い戻す相続手続を行ったが、いずれの日においても残高証明書の発行は依頼しなかった。

ホ　本件貯金口座は、平成31年2月5日に解約され、その払戻金13,331,345円（以下「本件払戻金」という。）は、本件請求人貯金口座に入金された。

なお、請求人は、本件請求人貯金口座の通帳（以下「本件通帳」という。）に印字された本件払戻金の入金を示す金額の脇に、「相続」及び「Fより」という文字を手書きで記載した。

ヘ　請求人は、本件各預金に係る相続手続に必要な書類について、M銀行〇〇支店には令和元年11月22日に、N信用金庫〇〇支店には同月29日に、L銀行〇〇支店には同年12月10日に、それぞれ提出した。

(4)　審査請求に至る経緯

イ　請求人は、別表の「当初申告」欄のとおり記載した本件相続に係る相続税の申告書（以下「本件申告書」という。）を令和元年9月9日（法定申告期限内）に原処分庁に提出した（以下、この提出に係る申告を「本件申告」という。）。

本件申告書の第11表（相続税がかかる財産の明細書）及び本件申告書に添付されている遺産分割協議書（以下「本件遺産分割協議書」という。）には、いずれも「貸付金R保険料」という名目の財産が記載されているが、Q銀行の貯金に係る記載はない。

なお、上記の「貸付金R保険料」とは、本件相続人らをそれぞれ契約者とする

　　Rに係る保険契約について、本件相続開始日までの保険料に相当する金額（請求

　　人分5,896,667円及び本件長男分5,076,237円）を、本件被相続人が本件相続人らに

　　貸し付けていたものである。

　ロ　請求人は、原処分庁所属の調査担当職員（以下「本件調査担当職員」という。）

　　による調査（以下「本件調査」という。）を受けた後、令和2年12月22日、本件

　　貯金の申告漏れがあったなどとして、別表の「修正申告」欄のとおり記載した修

　　正申告書を原処分庁に提出した。

　ハ　原処分庁は、請求人が、本件貯金は本件被相続人の財産であると知りながら、

　　これを隠蔽して本件申告をしたとして、令和3年1月26日付で、請求人に対し、

　　別表の「賦課決定処分」欄のとおり重加算税の賦課決定処分（以下「本件賦課決

　　定処分」という。）をした。

　ニ　請求人は、令和3年4月26日、本件賦課決定処分を不服として、再調査の請求

　　をしたところ、再調査審理庁は、同年7月8日付で、棄却の再調査決定をした。

　ホ　請求人は、令和3年8月10日、再調査決定を経た後の本件賦課決定処分に不服

　　があるとして、審査請求をした。

2　争　　点

　　請求人に、通則法第68条第1項に規定する「隠蔽し、又は仮装し」に該当する事実

　があったか否か。

3　争点についての主張

原処分庁	請求人
以下のとおり、請求人には、通則法第68条第1項に規定する「隠蔽し、又は仮装し」に該当する事実があった。	以下のとおり、請求人には、通則法第68条第1項に規定する「隠蔽し、又は仮装し」に該当する事実はなかった。
(1)　本件貯金に係る請求人の行動について　　請求人は、本件事務員から本件被相続人の預金口座等に係る残高証明書を取得するよう指示を受けたことから、本件各預金口座については、平成31年1月8日	(1)　本件貯金に係る請求人の行動について　　請求人は、平成31年1月8日、Pを訪れた際、高齢であり看病疲れもあって相続に関する各種手続で頭が一杯であったところに、窓口の職員から複雑な相続手

又は翌9日に相続手続を行うことなく、残高証明書を取得したにもかかわらず、本件貯金口座については、同月8日及び同月29日にPで本件貯金に係る相続手続を行い、残高証明書を取得しなかった。

このように、請求人は、本件貯金についてのみ明らかに特異な行動をしていた。

(2) 本件貯金の存在の不告知について

次のイないしニに掲げることからすれば、請求人は、本件事務員との打合せや遺産分割協議の際に、本件貯金の存在を認識するとともに、本件会計事務所に残高証明書等の本件貯金に係る資料を交付していない事実についても認識していたと認められる。

それにもかかわらず、請求人は、本件会計事務所に対して本件貯金の存在を伝えなかった。

イ 請求人が本件各預金口座の残高証明書を本件事務員に交付したのは、請求人が本件貯金の相続手続をして間もない時期であったから、その際、請求人は、本件貯金に係る資料を本件会計事務所に交付していない事実を確実に認識していた。

ロ また、請求人は、本件請求人貯金口

続の説明をされ、言われるがままに本件貯金の相続手続を行ったのであって、自ら積極的に相続手続を行ったものではない。

そして、請求人は、本件貯金口座の解約により、必要な手続は完了したものと勘違いし、本件貯金口座の残高証明書を取得しなかったにすぎない。

したがって、本件貯金に係る請求人の行動は、特異なものではない。

(2) 本件貯金の存在の不告知について

次のイないしニに掲げるとおり、原処分庁の主張する事実は存在しない。

なお、請求人が、本件事務員との打合せや遺産分割協議の際に、本件事務員に本件貯金の存在を伝えていないのは、本件貯金が本件申告書から漏れていることに気付かなかったからにすぎない。

イ 本件各預金口座の残高証明書を本件事務員に交付したのは、本件長男であって、その際、請求人は同席もしていない。

ロ 請求人は、平成31年2月5日に本件

座の入金状況等を本件通帳で随時確認
しており、本件払戻金については、入
金確認後、入金理由を忘れないよう本
件通帳に「相続」及び「Fより」との
メモを記載した。

ハ　さらに、請求人が、本件遺産分割協
議書や本件申告書を確認する際に「貸
付金R保険料」との記載を目にしてい
ることや、Rから本件請求人貯金口座
に定期的な入金があることなどからす
ると、請求人は、その都度、本件貯金
の存在を認識していたと推認される。

ニ　加えて、本件被相続人の相続財産に
「貸付金R保険料」が含まれているこ
とからすると、本件税理士及び本件事
務員は、本件申告書の作成過程で、本
件被相続人に係るQ銀行の貯金の有無
を請求人に確認していたと推認され
る。

(3)　まとめ

上記(1)及び(2)に照らせば、請求人は、
本件貯金の価額を課税価格に算入せずに
本件申告を行う意図の下、あえて残高証
明書を取得しないなど、本件会計事務所
に対して本件貯金の存在を秘匿したと認
められる。

したがって、請求人は、当初から相続
財産を過少に申告することを意図し、そ
の意図を外部からもうかがい得る特段の

請求人貯金口座への本件払戻金の入金
を記帳して以降、令和2年2月28日に
新通帳への繰越しをするまで、本件通
帳を確認していない。

ハ　本件業務の進行が遅れていたことも
あり、本件申告書の提出に当たり、請
求人は、本件被相続人の相続財産を網
羅した本件遺産分割協議書等の書類を
詳細に確認していない。

ニ　本件業務の過程において、本件税理
士及び本件事務員が、本件被相続人に
係るQ銀行の貯金の有無を請求人に確
認することはなかった。

なお、「貸付金R保険料」の価額は、
本件貯金口座の通帳から確認したもの
ではない。

(3)　まとめ

上記(1)及び(2)に加えて、請求人は、本
件払戻金を費消しておらず、本件請求人
貯金口座から別の預貯金口座に移すこと
もしていないから、請求人には、本件貯
金を隠匿する意思があったとは認められ
ない。

したがって、請求人は、当初から相続
財産を過少に申告することを意図してお
らず、その意図を外部からもうかがい得

行動をしたといえる。	る特段の行動もしていない。

4 当審判所の判断

(1) 法令解釈

　　通則法第68条第1項に規定する重加算税の制度は、納税者が過少申告をするについて隠蔽、仮装という不正手段を用いていた場合に、過少申告加算税よりも重い行政上の制裁を科することによって、悪質な納税義務違反の発生を防止し、もって申告納税制度による適正な徴税の実現を確保しようとするものである。

　　したがって、重加算税を課するためには、納税者のした過少申告行為そのものが隠蔽、仮装に当たるというだけでは足りず、過少申告行為そのものとは別に、隠蔽、仮装と評価すべき行為が存在し、これに合わせた過少申告がされたことを要するものである。しかし、上記の重加算税制度の趣旨に鑑みれば、架空名義の利用や資料の隠匿等の積極的な行為が存在したことまで必要であると解するのは相当でなく、納税者が、当初から相続財産を過少に申告することを意図し、その意図を外部からもうかがい得る特段の行動をした上、その意図に基づく過少申告をしたような場合には、重加算税の賦課要件が満たされるものと解すべきである。

(2) 認定事実

　　請求人提出資料、原処分関係資料並びに当審判所の調査及び審理の結果によれば、次の事実が認められる。

　イ　本件会計事務所が本件各預金口座の残高証明書を受領した経緯について

　　　本件事務員は、平成30年12月5日、本件長男に対し、本件業務に関して本件被相続人の金融資産を確認するために、本件相続開始日現在の本件被相続人の預金口座等の残高証明書を取得し、本件会計事務所へ提出するよう指示した。

　　　上記指示を受け、本件長男は、請求人に対し、本件被相続人の預金口座等の残高証明書を取得するよう依頼し、その後、上記1の(3)のハにより請求人が取得した本件各預金口座の残高証明書を同人から受領し、これを本件事務員に交付した。

　ロ　本件貯金の相続手続について

　(イ)　請求人は、平成31年1月8日、Pにおいて、「S」と題する書類及び「T」と題する書類に、本件貯金口座の○○○○○、本件被相続人と本件相続人らの関係、代表相続人が請求人である旨などを記載し、これらを提出した（以下、こ

れら本件貯金に係る各書類を併せて「U」という。）。

(ロ) 上記(イ)の提出後、Q銀行は、請求人に対し、「V」の用紙とともに相続手続のために必要な書類を記載した「必要書類一覧表」と題する文書（以下「必要書類一覧表」という。）を送付した。

(ハ) 請求人は、Vに本件払戻金の入金先を本件請求人貯金口座とする旨などを記載し、平成31年1月29日、必要書類一覧表に記載された必要書類とともにPへ提出した。

ハ　P及びQ銀行における貯金の一般的な相続手続について

平成31年1月当時、Pでは、口座名義人に相続が開始したことを理由に訪れた顧客に対し、相続財産となる貯金の残高が1,000,000円を超過する場合には、S及びTに、相続の対象となる被相続人に係る貯金の○○○○、被相続人と相続人の関係、代表相続人の氏名等を記載の上、これらを窓口に提出するよう案内していた。そして、Q銀行は、上記の各書類に記載された貯金を代表相続人の指定する口座へ払い戻すなどの相続手続を行うに当たって、当該各書類を提出した顧客に対し、V及び必要書類一覧表を郵送し、Vに被相続人の貯金に係る払戻金の入金先等を記載の上、必要書類一覧表に記載された必要書類とともに、Pの窓口に提出するよう案内していた。

なお、Pにおいては、顧客から依頼があった場合には、被相続人の貯金口座等に係る残高証明書の発行の手続をとっていたが、その発行が有料であったため、Pの職員は、相続が開始したことを理由に訪れた顧客に対して、残高証明書の発行を勧めていなかった。

ニ　本件会計事務所との打合せ等について

(イ) 本件会計事務所と本件相続人らとの間の本件業務に関する打合せは、平成30年11月から令和元年9月9日に本件申告書を提出するまでの間、所得税の確定申告期間や5月を除き、少なくとも月1回程度行われていたが、そのほとんどは本件事務員と本件長男との間で行われた。

(ロ) 本件税理士や本件事務員は、本件業務の過程で、本件相続人らに対し、本件被相続人の相続財産にQ銀行の貯金があるか否かを確認しなかった。

(ハ) 本件相続に係る遺産分割協議において、本件被相続人の遺産のうち、請求人が取得したいと希望していたものは、自宅のみであった。本件事務員は、令和

— 23 —

元年8月下旬から同年9月4日にかけて、本件長男と打合せをしつつ、当該希望を踏まえ、本件遺産分割協議書及び本件申告書の原案を作成した。

(ニ) 請求人は、令和元年9月4日及び翌5日、相続税額の確認、本件遺産分割協議書及び本件申告書への押印等のため、本件長男と本件事務員との打合せに同席した際、本件遺産分割協議書及び本件申告書の内容について、記載のない相続財産や記載されている金額に誤りがないかどうか入念に確認するように本件事務員から指示はされなかった。

(ホ) 請求人は、本件業務を本件会計事務所に依頼してから本件申告書の提出までの間に、本件貯金の存在について、本件税理士及び本件事務員のいずれに対しても伝えていない。

ホ 本件請求人貯金口座について

(イ) 本件請求人貯金口座は、本件払戻金が入金される前後を通じて、Rから個人年金の受取分が定期的に入金されるなど、請求人により継続して使用されており、本件調査時においても解約されておらず、また、本件払戻金に相当する金額の出金はない。

(ロ) 本件払戻金に係る入金額が印字された本件通帳には、平成20年6月5日から令和元年5月8日までの取引が印字されており、それ以後の取引が印字された新通帳への繰越しは、令和2年2月28日に行われた。

なお、請求人が上記1の(3)のホの各文字を手書きで記載した時期は特定できない。

ヘ 本件調査での対応について

請求人は、本件調査の際、本件調査担当職員から本件貯金について質問される前に、本件調査を受けるに当たり本件被相続人の預金通帳等を確認したところ、本件貯金が申告漏れになっていた旨を自ら申し出た。

ト 「貸付金R保険料」について

上記1の(4)のイの「貸付金R保険料」に係る保険料は、いずれも本件貯金を原資として本件貯金口座から支払われている。

(3) 検討

本件において、原処分庁は、上記3の「原処分庁」欄のとおり、①請求人が本件貯金口座についてのみ残高証明書を取得することなく相続手続を行うという特異な

行動をしていること及び②請求人が本件貯金の存在を認識していたにもかかわらず、これを本件会計事務所に対して伝えていないことが、請求人の当初から相続財産を過少に申告する意図を外部からもうかがい得る特段の行動である旨主張する。これに対し、請求人は、上記3の「請求人」欄のとおり、請求人が本件貯金口座の残高証明書を取得しなかったのは勘違いによるものであり、また、本件貯金の存在を本件会計事務所に対し伝えていないのは、本件貯金が本件申告書から漏れていることに気付かなかったからにすぎないから、当初から相続財産を過少に申告することを意図しておらず、その意図をうかがい得る特段の行動もしていない旨主張するため、以下検討する。

イ　請求人が本件貯金口座の残高証明書を取得しなかったことについて

(イ)　請求人は、本件長男から本件被相続人の預金口座等の残高証明書を取得するよう依頼され（上記(2)のイ）、平成31年1月8日又は翌9日に本件各預金口座の残高証明書を取得しているところ（上記1の(3)のハ）、本件貯金についても、同月8日に、PにおいてUを提出していることからすれば（上記(2)のロの(イ)）、請求人は、当時、本件貯金が本件被相続人の相続財産であると認識していたと認められる。

(ロ)　確かに、請求人は、本件長男の依頼を受け、本件各預金口座に係る残高証明書の発行依頼を行っており、それらとほぼ時を同じくして、Pを訪れているのであるから、Pにおいてのみ残高証明書の発行依頼をしなかった（上記1の(3)のニ）というのは不自然であるともいえる。

(ハ)　しかしながら、①本件払戻金の金額13,331,345円が、当初申告における相続財産の総額○○○○円（別表の「各人の合計」の「取得財産の価額」欄）の○％程度にすぎず、本件各預金の総額281,843,369円（上記1の(3)のハ）の5％程度でしかないこと、②本件払戻金が入金された本件請求人貯金口座は、解約されることなく、本件払戻金の入金前後を通じて、請求人において継続的に使用されており、本件払戻金に相当する金銭の払出しがないこと（上記(2)のホの(イ)）、③本件被相続人の遺産のうち、請求人が取得したいと希望していたものは自宅のみであり（上記(2)のニの(ハ)）、それ以外の財産について特段の関心があったとは認められないこと、④請求人は、本件調査の際、本件調査担当職員に対し、本件貯金が本件申告から漏れていた旨を自ら申し出ていること（上記

(2)のへ）を踏まえると、本件申告からあえて本件貯金のみを除外しようとする意図が請求人にあったものとは認められない。

㈡　また、Pの職員が、被相続人の貯金口座等に係る残高証明書の発行を勧めていなかったこと（上記(2)のハ）、平成31年1月8日に請求人がPを訪れてUを提出したことは、口座名義人に相続が開始したことを理由に訪れた顧客に対し、当時のPが行う一般的な案内に従ったものであること（上記(2)のロの(イ)及び同(2)のハ）、さらに、請求人は、本件各預金口座の残高証明書を取得し得たものの、残高証明書の発行依頼手続に習熟していたことを示す証拠もないことを併せ考えると、請求人は、Pにおいて、残高証明書の発行依頼をしたものの、その意図が正確に伝わらないまま、Uを記入するよう案内され、本件貯金の相続手続を残高証明書の発行依頼手続と誤解した可能性や、案内されたUの記入をしているうちに、残高証明書の発行を依頼する手続を失念した可能性を否定できない。

㈭　なお、請求人は、Uを提出した約3週間後の平成31年1月29日に、再びPを訪れて相続手続を行っているが、その際にも、残高証明書の発行は依頼していない（上記1の(3)のニ）。しかしながら、請求人は、既に、同月8日及び9日に本件各預金口座の残高証明書を取得済みであり、本件貯金についても同じ時期である同月8日にPを訪問していることから、同月29日の時点では、本件貯金についても本件各預金と同様に残高証明書の発行依頼が既に了したものと誤信していた可能性を否定できない。そして、請求人が、同日にPを再訪し、相続手続に必要な書類を提出したことは、相続が開始したことを理由にPを訪れてUを提出した顧客に対し、当時のP及びQ銀行が行う一般的な案内に従ったものであること（上記(2)のロの(ハ)及び同(2)のハ）を併せ考えると、請求人が、同日、Pを訪問したのは、Q銀行から案内を受けた相続手続に必要な書類を提出するためであり、同訪問時には、本件貯金口座に係る残高証明書の交付を受けることは念頭になかった可能性を否定できない。

㈥　請求人が、本件各預金についてはいずれも残高証明書を取得しながら、本件貯金についてのみこれを取得せず相続手続をしたことについては、上記㈡及び㈭で述べた可能性について明確に否定できない以上、これをもって特異な行動であると断ずることはできない。仮に、請求人が、本件貯金のみを本件申告か

ら積極的に除外しようと考えていたのであれば、「貸付金R保険料」の存在自体が本件被相続人がQ銀行に係る口座を有していた可能性を示すものである上、本件貯金が保険料支払の原資になっているのであるから（上記(2)のト）、本件申告書の作成・提出において、本件貯金の存在をうかがわせることになる「貸付金R保険料」の記載に留意し、本件申告に先立ち何らかの秘匿工作をとっていてもおかしくないが、請求人がそのようなことをした形跡などもない。

(ト) 以上のことを総合勘案すると、請求人は本件貯金につき本件被相続人の相続財産であると認識していたと認められるものの、請求人が本件貯金口座に係る残高証明書の発行依頼をしなかったことは、請求人の故意によるものとは認め難い。

ロ 請求人が本件貯金の存在を本件会計事務所に伝えなかったことについて

(イ) 請求人は、本件貯金が本件被相続人の相続財産であると認識していたと認められる（上記イの(イ)）ものの、この存在を本件税理士及び本件事務員のいずれに対しても伝えていない（上記(2)のニの(ホ)）。

(ロ) しかしながら、①本件業務に関する打合せのほとんどが、本件事務員と本件長男との間で行われたこと（上記(2)のニの(イ)）、②本件税理士や本件事務員は、本件業務の過程で、本件相続人らに対し、本件被相続人の相続財産にQ銀行の貯金があるか否かを確認していないこと（上記(2)のニの(ロ)）、③本件遺産分割協議書及び本件申告書の原案は本件事務員及び本件長男により作成され、請求人が令和元年9月4日までこれらの原案を見ていないこと（上記(2)のニの(ハ)）、④請求人は、令和元年9月4日及び翌5日、本件遺産分割協議書や本件申告書への押印等のため、本件長男と本件事務員との打合せに同席したものの、その際、本件事務員から本件遺産分割協議書や本件申告書の内容について入念に確認するよう指示を受けていないこと（上記(2)のニの(ニ)）、⑤請求人は、本件調査の際、本件調査担当職員に対し、本件貯金が本件申告から漏れていた旨を自ら申し出ている（上記(2)のヘ）ことからすると、請求人は、本件貯金が本件被相続人の相続財産であると認識していたものの、本件貯金が本件申告に相続財産として計上されていないことを認識していなかった可能性を否定できない。

また、本件申告からあえて本件貯金のみを除外しようとする意図が請求人にあったものとは認められないこと（上記イの(ハ)）、当審判所の調査によっても、

— 27 —

請求人が、本件会計事務所に対し、本件貯金の有無に関し、虚偽の説明を行ったことをうかがわせる証拠関係も見当たらないことも併せ考えると、本件貯金の存在を故意に伝えなかったとまで認めることはできない。

ハ　まとめ

上記イ及びロのことからすると、請求人が本件申告を行うに当たり、①本件貯金口座の残高証明書を取得せず、②本件貯金の存在を本件会計事務所に伝えなかった一連の行為において、当初から相続財産を過少に申告することを意図し、その意図を外部からもうかがい得る特段の行動をしたものと評価すべき事情は認められず、また、他に請求人において隠蔽又は仮装と評価すべき行為も見当たらない。

したがって、本件において、請求人には、通則法第68条第1項に規定する「隠蔽し、又は仮装し」に該当する事実があったとはいえない。

(4)　原処分庁の主張について

イ　原処分庁は、上記3の「原処分庁」欄の(2)のとおり、①請求人が本件貯金の相続手続をして間もない時期に本件各預金口座の残高証明書を本件事務員に交付したこと、②請求人が本件請求人貯金口座の入金状況等を随時確認し、本件通帳に本件払戻金の入金についてメモを記載したこと、③本件遺産分割協議書や本件申告書にて「貸付金Ｒ保険料」との記載を目にしていたことなどを根拠として、請求人が本件貯金の存在を認識するとともに、本件貯金に係る資料を本件会計事務所に交付していない事実を認識していた旨主張する。

ロ　しかしながら、請求人が本件貯金の相続手続を残高証明書の発行依頼手続と誤解した可能性や残高証明書の発行依頼手続を失念した可能性を否定できないことは、上記(3)のイの(ニ)のとおりである。

また、上記イの①については、本件各預金口座の残高証明書を本件事務員に交付したのは、請求人ではなく、本件長男であり（上記(2)のイ）、当審判所の調査によっても、請求人がその場に同席していたと認めるに足りる証拠はない。さらに、上記イの②については、請求人は本件払戻金の入金に係る印字の脇に手書きのメモを記載したものの（上記1の(3)のホ）、そのメモを記載した時期は特定できない上（上記(2)のホの(ロ)）、令和元年5月8日までの取引履歴が印字された本件通帳が、令和2年2月28日に新通帳に繰り越されていたものである（上記(2)の

ホの(ロ))。そうすると、請求人は、少なくとも本件申告の前後の計9か月以上に
わたり、通帳記入や通帳での取引を行っていなかったものと認められ、その時期
に、平成31年2月5日付の本件払戻金の入金に係る印字を目にしていたとも考え
にくい。そして、上記イの③については、「貸付金R保険料」の原資は本件貯金
であると認められるものの（上記(2)のト）、令和元年9月上旬に本件遺産分割協
議書及び本件申告書に押印等した際に、本件事務員から請求人に対し、その内容
を入念に確認するように指示がなかったこと（上記(2)のニの(ニ)）及び請求人が自
宅以外の財産について特段の関心があったとは認められないこと（上記(3)のイの
(ハ)）を踏まえると、本件申告までに「貸付金R保険料」の記載に気付かなかった
か、気付いたとしても特別意に介さなかった可能性が十分にある。

　　以上からすれば、上記イの①ないし③は、請求人が本件貯金の存在を認識し、
かつ本件貯金に係る資料を本件会計事務所に交付していない事実を認識していた
と認めるに足る根拠とはならない。

　　したがって、これらの点に関する原処分庁の主張はいずれも採用できない。

(5)　本件賦課決定処分の適法性について

　　上記(3)のとおり、請求人には、通則法第68条第1項に規定する「隠蔽し、又は仮
装し」に該当する事実があったとはいえず、本件賦課決定処分は、同項に規定する
重加算税の賦課要件を満たさない。他方、修正申告により納付すべき税額の計算の
基礎となった事実が、修正申告前の税額の計算の基礎とされていなかったことにつ
いて、通則法第65条第4項第1号に規定する正当な理由があるとは認められない。
また、本件賦課決定処分のその他の部分については、請求人は争わず、当審判所に
提出された証拠資料等によっても、これを不相当とする理由は認められない。

　　したがって、本件賦課決定処分のうち、通則法第65条第1項及び第2項の規定に
従い計算した過少申告加算税相当額を超える部分の金額が違法であると認められる
から、別紙「取消額等計算書」のとおり取り消すべきである。

(6)　結論

　　よって、審査請求には理由があるから、原処分の一部を別紙「取消額等計算書」
のとおり取り消すこととする。

別表　審査請求に至る経緯（省略）

別紙　取消額等計算書（省略）

事例3 （重加算税　隠ぺい、仮装の認定　認めなかった事例）

> 請求人が相続財産の一部の株式を申告していなかったことについて、隠蔽の行為そのものであるとか、当初から過少に申告することを意図し、その意図を外部からもうかがい得る特段の行動をしたと認めることはできないとして、重加算税の賦課決定処分を取り消した事例（平成29年11月相続開始に係る相続税の重加算税の賦課決定処分・一部取消し・令和4年6月24日裁決）
>
> 《ポイント》
> 　本事例は、申告漏れとなっていた株式について、申告書提出前後の請求人の行為や言動に鑑みると、その銘柄、株式数等を記載したノート等を関与税理士に提出しなかったことをもって、国税通則法第68条第1項に規定する「隠蔽し、又は仮装し」に該当する事実があったとみることは困難であり、また、当該事実につき過少申告の意図を外部からもうかがい得る特段の行動に該当するものとも認められないとしたものである。

《要旨》

　原処分庁は、請求人自らが銘柄、株式数及び配当金額等を2冊のノート（本件各ノート）に記載しながら、被相続人の相続に係る相続税の申告書（本件申告書）に計上されなかった被相続人名義等の株式（本件株式）について、被相続人の相続財産である旨を十分認識していたにもかかわらず、関与税理士（本件税理士）に本件各ノートを含む本件株式に係る資料等を渡さずに本件税理士をして本件株式を計上しない本件申告書を作成、提出させたのであるから、請求人には、国税通則法第68条《重加算税》第1項に規定する「隠蔽し、又は仮装し」に該当する事実があった旨主張する。

　しかしながら、請求人は、本件税理士から株式については証券会社から残高証明書等を取得して提出するよう指示を受け、当該指示のとおりに証券会社から残高証明書等を取得して提出していたため、本件株式についても本件申告書に計上されていると思い込んでいた可能性等が否定できない。また、本件各ノートは、その記載状況からみて、請求人の単なる備忘メモ的なものとして使用されていたと考えられ、請求人が、本件税理士を含む第三者に提出する目的で本件各ノートを作成したものではないと推認できるこ

と、請求人は、相続税の調査の際に、原処分庁所属の調査担当職員に自ら本件各ノートを提出したことなどに鑑みると、本件各ノート等の資料を本件税理士に提出しなかった行為について、隠蔽の行為そのものであるとか、当初から過少申告をすることを意図した上で、過少申告の意図を外部からもうかがい得る特段の行動に該当するものと認めるに足る事情はないから、「隠蔽し、又は仮装し」に該当する事実はないといわざるを得ない。

《参照条文等》

　国税通則法第68条第1項

《参考判決・裁決》

　最高裁平成7年4月28日第二小法廷判決（民集49巻4号1193頁）

（令和4年6月24日裁決）

《裁決書（抄）》

1　事　実

(1)　事案の概要

　　　本件は、審査請求人（以下「請求人」という。）が、原処分庁所属の調査担当職
　　員の調査を受けて相続税の修正申告をしたところ、原処分庁が、相続財産の一部を
　　申告していなかったことに隠蔽の行為があるとして重加算税の賦課決定処分を行っ
　　たのに対し、請求人が、当該隠蔽の行為はないとして、重加算税の賦課決定処分の
　　うち、過少申告加算税相当額を超える部分の取消しを求めた事案である。

(2)　関係法令

　　　国税通則法（以下「通則法」という。）第68条《重加算税》第1項は、通則法第
　　65条《過少申告加算税》第1項の規定に該当する場合において、納税者がその国税
　　の課税標準等又は税額等の計算の基礎となるべき事実の全部又は一部を隠蔽し、又
　　は仮装し、その隠蔽し、又は仮装したところに基づき納税申告書を提出していたと
　　きは、当該納税者に対し、政令で定めるところにより、過少申告加算税の額の計算
　　の基礎となるべき税額（その税額の計算の基礎となるべき事実で隠蔽し、又は仮装
　　されていないものに基づくことが明らかであるものがあるときは、当該隠蔽し、又
　　は仮装されていない事実に基づく税額として政令で定めるところにより計算した金
　　額を控除した税額）に係る過少申告加算税に代え、当該基礎となるべき税額に100
　　分の35の割合を乗じて計算した金額に相当する重加算税を課する旨規定している。

(3)　基礎事実

　　　当審判所の調査及び審理の結果によれば、以下の事実が認められる。

　　イ　F（以下「本件被相続人」という。）は、平成29年11月〇日（以下「本件相続
　　　開始日」という。）に死亡し、本件被相続人に係る相続（以下「本件相続」とい
　　　う。）が開始した。

　　ロ　本件相続に係る相続人は、本件被相続人の配偶者である請求人及び長男である
　　　G（以下「本件長男」という。）の2名である。

　　　　なお、請求人は、本件相続開始日において〇歳であり、株式の取引経験はなか
　　　った。

　　ハ　請求人及び本件長男は、本件相続に係る相続税（以下「本件相続税」という。）

の申告について、申告書の作成を含めた税務代理をH税理士法人に依頼した。

ニ　H税理士法人のJ税理士（以下「本件税理士」という。）は、相談に訪れた請
求人及び本件長男に対し、相続財産を把握するため、本件被相続人宛の郵便物を
調べるとともに、証券会社から株式に係る残高証明書を取得して提出するよう指
示した。

ホ　請求人は、上記ニの指示を受け、自宅に届いた配当通知書等の郵便物の内容を
確認することにより把握した本件被相続人名義、本件被相続人の実父であり請求
人の義父であるK（平成12年8月○日相続開始。以下「本件義父」という。）名
義、本件被相続人の実母であり請求人の義母であるL（平成13年8月○日相続開
始。以下「本件義母」といい、本件義父と併せて「本件先代」という。）名義及
び本件長男名義の各株式について、銘柄、株式数及び配当金額等を2冊のノート
（以下「本件各ノート」という。）に記載していた。

ヘ　請求人は、平成31年3月25日付で、別表1の順号10ないし順号12の本件義父名
義の株式について、同年4月10日付で、同順号1の本件被相続人名義の株式につ
いて、株主名簿管理人である信託銀行に対して管理口座を請求人名義の口座へ振
り替える手続（以下「本件口座振替手続」という。）を行った。

また、平成31年4月10日付で、別表1の順号1の本件被相続人名義の株式につ
いて、単元未満株式の買取りを求める手続（以下「本件買取請求手続」という。）
を行った。

(4)　審査請求に至る経緯等

イ　請求人は、本件相続税について、本件長男と共同で相続税の申告書に、別表2
の「当初申告」欄のとおり記載して、法定申告期限までに申告した（以下、当該
申告を「本件当初申告」といい、本件当初申告に係る申告書を「本件当初申告
書」という。）。

なお、本件当初申告において申告した株式は、いずれも本件被相続人名義の株
式であった。

ロ　原処分庁所属の調査担当職員（以下「本件調査担当職員」という。）は、令和
元年9月から同年12月にかけて本件相続税の調査（以下「本件調査」という。）
を行い、請求人に対し、本件各ノートに記載があるにもかかわらず、本件税理士
に株主名簿管理人が発行する所有株式数証明書等が提出されず、相続財産として

本件当初申告書に計上されなかった株式がある旨を指摘した。

ハ　請求人は、本件調査担当職員の指摘を受けて、本件相続税について、別表2の
「修正申告1」欄のとおり記載した修正申告書を令和元年12月26日に提出した。

ニ　原処分庁は、請求人に対し、令和2年1月24日付で、本件相続税について、別
表2の「賦課決定処分」欄のとおり、過少申告加算税及び重加算税の各賦課決定
処分をした。

ホ　請求人は、上記ニの各賦課決定処分のうち、重加算税の賦課決定処分に不服が
あるとして令和2年4月15日に審査請求をした。

ヘ　その後、請求人は、本件相続税について、別表2の「修正申告2」欄のとおり
記載した修正申告書を令和2年9月25日に提出し、さらに、別表2の「更正の請
求」欄のとおりとすべき旨の更正の請求を令和2年12月24日にしたところ、原処
分庁は、令和3年3月22日付で、別表2の「更正処分」欄のとおり、相続税の更
正処分及び重加算税の変更決定処分をした（以下、この変更決定処分によりその
一部が取り消された後の上記ニの賦課決定処分を「本件重加算税賦課決定処分」
という。）。

なお、本件当初申告書に計上されず、本件重加算税賦課決定処分の対象とされ
た株式は、別表1のとおりである（以下、同表の順号1ないし順号9の本件被相
続人名義の株式を併せて「本件本人名義株式」、同順号10ないし順号28の本件義
父名義の株式を併せて「本件義父名義株式」、同順号29ないし順号44の本件義母
名義の株式と本件義父名義株式を併せて「本件先代名義株式」、同順号45の本件
長男名義の株式を「本件長男名義株式」、同順号1ないし順号45の株式を併せて
「本件各株式」とそれぞれいう。）。

2　争　点

請求人に、通則法第68条第1項に規定する「隠蔽し、又は仮装し」に該当する事実
があったか否か。

3　争点についての主張

原処分庁	請求人
以下のとおり、請求人には、通則法第68 条第1項に規定する「隠蔽し、又は仮装	以下のとおり、請求人には、通則法第68 条第1項に規定する「隠蔽し、又は仮装

し」に該当する事実があった。

(1) 本件各株式が相続財産であることの認
識について

イ 請求人は、本件相続が開始した後、
名義人ごとの株式一覧を本件各ノート
に記載するなどして、本件各株式を含
む相続財産を管理していた。

そして、本件各ノートには、証券会
社に保管がない株式に関して、株主名
簿の管理機関である信託銀行名や口座
振替手続の具体的な記載がされている
ことに加え、請求人は、本件当初申告
の後に、別表1の順号1及び順号10な
いし順号12の株式について、本件口座
振替手続や本件買取請求手続を行って
いた。

そうすると、請求人は、証券会社に
保管されていない株式が存在し、株主
名簿の管理機関である各信託銀行に保
管されていたことも十分に認識してい
た。

し」に該当する事実はなかった。

(1) 本件各株式が相続財産であることの認
識について

イ 本件相続開始日において、請求人
は、本件被相続人の財産を全く把握し
ていなかった。

請求人は、本件被相続人の財産に限
らず、自宅に届いた有価証券に係る郵
便物の内容を書き留め、自分の覚書と
して本件各ノートを作成したにすぎ
ず、本件各ノートにより相続財産を管
理していたものではない。

また、請求人が本件口座振替手続を
行ったのは、本件義父名義株式のうち
別表1の順号10ないし順号12の株式に
ついて、本件被相続人の弟であるM
(以下「本件義弟」という。) との所有
関係を明確にするため、相続手続に必
要な書類を取り寄せようと信託銀行に
電話し、やり取りをするうちに、その
意図はなかったにもかかわらず、請求
人名義に変更してしまったものであ
る。

なお、請求人は、本件本人名義株式
のうち別表1の順号1の株式について
も、本件口座振替手続及び本件買取請
求手続を行っているが、その当時、当
該株式が本件当初申告書に計上されて
いない株式であるとは認識していなか

ロ　また、本件税理士は、本件相続税の相談に応じた際、請求人及び本件長男に対し、本件被相続人以外の名義となっている財産であっても、原資が本件被相続人によるものや本件被相続人が管理運用していたものなどは、本件被相続人の財産となることの説明をした。

ハ　したがって、請求人は、遅くとも本件当初申告の時点において、本件各株式が本件被相続人の相続財産である旨を認識していたと認められる。

(2)　隠蔽又は仮装の行為について

　　本件税理士は、請求人及び本件長男に対し、上記(1)のロの説明をした際、株式等について、証券会社から残高証明書を取得するよう指示していた。

　　本件各株式に関する資料及び本件各株式の内容を記載した本件各ノートがあるにもかかわらず、請求人は、本件各株式に関する資料及び本件各ノートを本件税理士に提出しなかった。

った。

ロ　請求人は、本件税理士に対して本件相続税の相談をした際、相続財産について何らかの説明を受けたものの、同席していた本件長男に対応を任せるつもりで説明を聞いていたため、その内容をしっかりと理解できていなかった。

ハ　したがって、請求人は、本件当初申告の時点において、本件各株式を相続財産として認識していたわけではない。

(2)　隠蔽又は仮装の行為について

　　請求人は、本件税理士から本件被相続人の郵便物を調べ、取引がある証券会社から残高証明書を取り寄せるよう指示を受けたため、その指示に従って、証券会社から取得した残高証明書の全てを本件税理士に提出した。

　　結果として、請求人が、残高証明書以外の、本件各株式に関する資料や本件各ノートを本件税理士に提出しなかったのは、以下の理由による。

イ　本件本人名義株式について

　　本件税理士に渡した残高証明書に全て記載されていると考えていた。

ロ　本件先代名義株式について

　　本件被相続人名義の株式の残高証明

書を取得すればよいとの認識であった
ため、本件先代名義株式は、本件被相
続人と本件義弟の2名の所有であるこ
とから、本件相続には関係ないと考え
ていた。

ハ　本件長男名義株式について

本件長男の所有と認識していたた
め、本件相続には関係ないと考えてい
た。

このように、請求人は、本件税理士
に渡した残高証明書で本件相続に係る
本件被相続人の株式を全て網羅してい
ると思ったことから、有価証券に係る
郵便物等の資料や本件各ノートを本件
税理士に提出する必要はないと考えて
いた。

なお、請求人は、本件調査担当職員
から、有価証券に係る記録などはない
か聞かれ、自ら本件各ノートを提示し
ているところ、このことは請求人に相
続財産を隠蔽する意図がなかったこと
を裏付ける事実である。

(3)　特段の行動があったといえるかについ
て

以上の事情によれば、請求人は、本件
各株式が本件被相続人の相続財産である
旨を十分認識していたにもかかわらず、
本件税理士に本件各株式に係る資料等を
渡さずに、本件税理士をして本件各株式

(3)　特段の行動があったといえるかについ
て

以上の事情によれば、請求人には、当
初から相続財産を過少に申告する意図は
なく、その意図を外部からもうかがい得
る特段の行動をしていないし、請求人に
本件各株式の存在を隠蔽する意図はなか

を計上しない本件当初申告書を作成、提出させたものであって、当初から相続財産を過少に申告することを意図し、その意図を外部からもうかがい得る特段の行動をした上、その意図に基づき過少申告をしたものである。	った。

4 当審判所の判断

(1) 法令解釈

　通則法第68条第1項は、過少申告をした納税者が、その国税の課税標準等又は税額等の計算の基礎となるべき事実の全部又は一部を隠蔽し、又は仮装し、その隠蔽し、又は仮装したところに基づき納税申告書を提出していたときは、その納税者に対して重加算税を課する旨規定している。

　この重加算税の制度は、納税者が過少申告をするについて隠蔽、仮装という不正手段を用いていた場合に、過少申告加算税よりも重い行政上の制裁を科することによって、悪質な納税義務違反の発生を防止し、もって申告納税制度による適正な徴税の実現を確保しようとするものである。

　したがって、重加算税を課するためには、納税者のした過少申告行為そのものが隠蔽、仮装に当たるというだけでは足りず、過少申告行為そのものとは別に、隠蔽、仮装と評価すべき行為が存在し、これに合わせた過少申告がされたことを要するものである。しかし、上記の重加算税制度の趣旨に鑑みれば、架空名義の利用や資料の隠匿等の積極的な行為が存在したことまで必要であると解するのは相当でなく、納税者が、当初から所得を過少に申告することを意図し、その意図を外部からもうかがい得る特段の行動をした上、その意図に基づく過少申告をしたような場合には、重加算税の上記賦課要件が満たされるものと解すべきである（最高裁平成7年4月28日第二小法廷判決・民集49巻4号1193頁参照）。

(2) 認定事実

　請求人提出資料、原処分関係資料並びに当審判所の調査及び審理の結果によれば、以下の事実が認められる。

　イ　本件被相続人は、生前に、本件税理士に対して、所得税及び復興特別所得税の

確定申告を依頼していた。また、本件税理士は、本件先代を被相続人とする相続税の申告の際の関与税理士でもあった。

ロ 請求人及び本件長男は、平成29年12月から平成30年2月頃までのいずれかの日に、H税理士法人の事務所において、本件税理士に対して、本件被相続人の財産について本件被相続人から何も聞かされておらず、どのような相続財産があるか把握していないことを伝えた。本件税理士は、上記1の(3)のニの指示をするとともに、本件被相続人以外の名義であっても、原資が本件被相続人のものや、本件被相続人が管理運用していたものには、本件被相続人の財産になるものがある旨説明した。

ハ 本件税理士は、上記ロの説明を口頭で行い、請求人及び本件長男に対し、その内容を記載した書面等は交付しなかった。

ニ 本件長男は、平成30年3月頃に、H税理士法人の事務所において、本件当初申告書の提出までのスケジュールについて、本件税理士から、スケジュール表を交付されて説明を受けた。その際、本件被相続人の財産のうち、預貯金及び有価証券については請求人及び本件長男が把握し、不動産については本件税理士が把握するとの役割が決められた。

ホ 本件税理士は、後日、本件長男に対し、本件先代の相続に係る遺産分割協議書を本件被相続人の財産を把握する際の参考とするよう指示し、その写しを郵送したが、それ以上の具体的な指示はしなかった。

ヘ 本件長男は、多忙を理由として、本件被相続人宛の郵便物から本件被相続人の財産を把握して残高証明書を取得することは請求人に委ね、自らは、H税理士法人に所属するN税理士（以下、本件税理士と併せて「本件税理士ら」という。）から依頼を受けて、N税理士が自宅を訪れた際に請求人が取得した残高証明書や証券会社から送付された取引残高報告書（以下、証券会社が発行した残高証明書と併せて「残高証明書等」という。）を渡す役割を担った。

ト 本件被相続人と請求人は、住民票上、平成17年6月14日にa市b町○－○から同町△－△に転居したこととされているが、実際に同日、同町△－△に転居したのは本件被相続人のみであり、請求人は同町○－○に本件長男と共に居住し続けていた（以下、同町○－○を「本件被相続人旧住所」といい、同町△－△を「本件被相続人新住所」という。）。

チ　請求人は、平成29年12月頃、本件被相続人宛の郵便物を受け取るために、本件被相続人新住所に郵送される本件被相続人宛の郵便物を本件被相続人旧住所に届くように転送手続をした。また、請求人は、本件被相続人宛の郵便物を本件被相続人旧住所で保管していた。

リ　請求人は、本件税理士から上記ロの指示を受けた後、本件被相続人宛の郵便物により判明した、本件被相続人との取引実績がある証券会社（P社、Q社、R社及びS社）に対し、本件被相続人名義の残高証明書等の交付申請を行うなどし、平成30年３月までにこれらを取得した。

　　また、請求人は、本件税理士からの指示はなかったものの、本件被相続人宛の郵便物などにより本件被相続人を株主名簿に記載していることが判明したT社に対しても、本件被相続人名義の所有株式数証明書の交付申請を行い、平成30年３月にこれを取得した。

　　なお、請求人が取得した残高証明書等及び所有株式数証明書の中に本件本人名義株式に係るものはなく、上記のほかに、請求人及び本件長男が証券会社や株主名簿管理人に対し、本件被相続人名義の上場株式に係る残高証明書等及び所有株式数証明書の交付申請を行った事実は確認できない。

ヌ　T社が管理する本件被相続人名義の株式には、本件被相続人新住所が住所地として登録されているものと、本件被相続人旧住所が住所地として登録されているものがあったが、上記リで請求人が取得した所有株式数証明書に記載された株式は、いずれも本件被相続人新住所が住所地として登録されていた。

ル　本件本人名義株式のうち上場株式は、別表１の順号１ないし順号４の株式であるところ、これらの株式はいずれの証券会社の口座でも管理されておらず、そのうち、同順号１及び順号３の株式は、T社が株主名簿管理人、同順号２の株式は、U社が株主名簿管理人、同順号４の株式は、V社が株主名簿管理人となっており、いずれの株式についても、本件被相続人旧住所が本件被相続人の住所地として登録された上で、各株主名簿管理人の下で管理されていた。

　　なお、本件相続開始日において、別表１の順号１及び順号４の株式のほかに、これらと同一銘柄の本件被相続人名義の株式があったが、当該同一銘柄の株式については、請求人は、上記リのとおり、それぞれ、T社又はR社から所有株式数証明書又は残高証明書等を取得していた。

ヲ　本件本人名義株式のうち別表１の順号５ないし順号９の株式は、いずれも非上
　　場株式であり、同順号５ないし順号８の株式は当該株式の発行会社に、同順号９
　　の株式は株主名簿管理人に、それぞれ所有株式数証明書など所有株式数の分かる
　　書類を交付申請する必要があったが、請求人は、いずれの株式についても所有株
　　式数証明書などの交付申請を行わなかった。

　　　なお、本件税理士らは、請求人及び本件長男に対し、非上場株式について、証
　　券会社ではなく、株式の発行会社等から所有株式数の分かる書類を直接取得する
　　必要がある旨の注意喚起を行っていなかった。

ワ　請求人は、本件先代名義株式及び本件長男名義株式について、証券会社や株主
　　名簿管理人に対し、残高証明書等及び所有株式数証明書の交付申請を行わなかっ
　　た。

カ　請求人及び本件長男は、上記リの交付申請などによって取得した全ての残高証
　　明書等及び所有株式数証明書を、Ｎ税理士を介するなどして、本件税理士に提出
　　した。

　　　また、本件被相続人名義の株式のうち、上記リの交付申請などによって残高証
　　明書等及び所有株式数証明書を取得したと認められるもの以外のものについて、
　　請求人及び本件長男が、残高証明書等又は所有株式数証明書を取得したにもかか
　　わらず、本件税理士らに提出しなかったものがあった事実は確認できない。

ヨ　Ｎ税理士は、本件長男から残高証明書等の資料を受け取るために４、５回ほど
　　請求人及び本件長男の自宅を訪れたが、その際、当該資料の取得手続の進捗状況
　　やほかに申告するものがないかなどの確認はしたものの、相続財産の範囲につい
　　て改めて注意喚起したり、資料の提出がない財産を具体的に指摘したりすること
　　はなかった。

タ　本件税理士は、上記カのとおり提出された残高証明書等及び所有株式数証明書
　　のうち、残高証明書等に基づいて本件当初申告書を作成した。上記カのとおり提
　　出された残高証明書等及び所有株式数証明書は、全て本件当初申告書に添付され
　　ていたが、当該所有株式数証明書に記載された株式については、同様に提出され
　　た残高証明書等にも記載されていた２銘柄を除き、本件当初申告書に計上されな
　　かった（これら本件当初申告書に所有株式数証明書の添付があるものの本件当初
　　申告書に計上されなかった株式については、本件重加算税賦課決定処分の対象と

はなっておらず、上記1の⑷のニの過少申告加算税の賦課決定処分の対象となっている。）。

レ　請求人及び本件長男が、本件税理士と面談したのは、上記ロ及びニの説明の際並びに申告書の最終確認の際の計3回であり、本件税理士が、請求人及び本件長男に対し、相続財産の範囲を改めて注意喚起したり、資料の提出がない財産を具体的に指摘したりすることはなかった。

ソ　本件先代に係る相続の状況等

　　㈠　本件相続開始日において、本件先代名義のままとなっている株式（本件先代名義株式）が別表1の順号10ないし順号44のとおり存在した。本件先代名義株式は、発行会社の合併等により、本件先代の相続に係る遺産分割協議書の記載とはその銘柄が異なるものがあったほか、本件先代名義株式の株式数は、当該遺産分割協議書に記載された株式数から大幅に変動（ほとんどが減少）していた。本件税理士は、本件相続開始日から本件相続税の申告期限までの間に、本件義弟から、本件先代名義株式の帰属について相談を受けたが、本件税理士らでは解決できないので自分たちで解決するよう回答した。

　　㈡　本件長男は、平成30年3月から同年5月頃、本件義弟から、本件先代名義株式の帰属の協議のため、本件先代名義株式に係る郵便物を本件義弟に交付するよう依頼され、本件義弟に当該郵便物を交付した。しかし、本件当初申告までに、請求人及び本件長男と本件義弟との間で、本件先代名義株式の帰属についての協議は整わなかった。

　　㈢　本件相続開始日において、本件被相続人と本件義弟との間では、本件先代名義株式のほかにも、清算未了の預金が多額に存在したが、これについては、本件当初申告までに清算が完了したため、本件税理士は、当該清算により本件被相続人の財産とされた範囲の預金を本件当初申告書に計上した。

ツ　本件各ノートにおける記載について

　　㈠　本件各ノートには、本件被相続人名義、本件先代名義及び本件長男名義の各株式の銘柄、株式数、配当金額、配当受領期間及び株主優待の内容などが手書きで記載されているものの、本件各ノートの記載からは、各記載がされた日付は明らかではない。本件各ノートのページの中には、その冒頭部分に株式の名義人の名前などの表題が、その下に当該名義人に係る株式等がそれぞれ記載さ

れているページもあるが、全てのページにおいて名義人や証券会社ごとの分類がなされているわけではなく、株式の名義人が明らかでない記載を含むページも多数存在する上、同じ株式に関する配当等の情報が複数回記載されているものもある。また、各ページは、名義人や証券会社ごとに整理されず、順不同であった。

本件各ノートには、株式以外の金融資産や不動産等の財産に関する情報の記載もあるが、本件当初申告の際に相続財産とされた財産の全てが記載されているわけではない。また、金融資産とは無関係と思われる商品名や格言などの書き込みもされている。

(ロ) 本件各ノートのうちページの冒頭部分に本件被相続人の名前が表題として記載された複数のページにおいて、本件当初申告書に相続財産として計上された株式と共に本件本人名義株式についても銘柄、株式数及び配当金額等の記載があるが、各株式の記載の順番に規則性は認められない。

(ハ) 本件各ノートのうちページの冒頭部分に本件義父の名前が表題として記載されたページには、本件義父名義株式について銘柄、株式数及び配当金額等の記載がある。

(ニ) 本件各ノートのうちページの冒頭部分に本件義母の名前が表題として記載されたページには、本件義母名義の株式について銘柄、株式数及び配当金額等の記載がある。

(ホ) 本件各ノートのうちページの冒頭部分に本件被相続人の名前と本件長男の名前が併せて表題として記載されたページには、本件被相続人名義の株式と共に、当該株式と同一銘柄の本件長男名義の株式についても、その銘柄、株式数及び配当金額等の記載があり、その銘柄の記載の先頭部分に、本件長男を表す「○」の記載がある。なお、本件各ノートのうち冒頭部分に「配当」と記載されたページには、「○○(F)」(「F」は、本件被相続人を表す。)及び「○○」の記載がある。

ネ 請求人及び本件長男は、本件税理士らに対し、本件各ノートを提出しなかった。

ナ 請求人は、本件調査における本件調査担当職員とのやり取りの中で、特定の銘柄の株式が話題となった際、当該株式について自身が本件各ノートに記載した覚えがあったことから、資料がある旨申し出て、本件各ノートを本件調査担当職員

に提出した。

(3)　検討

イ　本件本人名義株式について

　　本件本人名義株式は、本件各ノートに記載があるものの、請求人は、本件税理士らに対し、本件本人名義株式に係る所有株式数証明書、本件各ノートや本件被相続人宛の郵便物等の資料を提出しなかった。

　　もっとも、本件各ノートに関しては、上記(2)のツの(イ)及び(ロ)のとおり、本件本人名義株式を含む本件被相続人名義の株式について乱雑に記載されている上、本件被相続人名義の株式に関する情報についても、本件各ノートの様々なページに分散して、整理されないまま記載されており、こうした状況からすれば、本件各ノートは、請求人において単なる備忘メモ的なものとして使用されていたと考えられる。

　　そして、上記(2)のルによれば、本件本人名義株式のうち別表1の順号1ないし順号4の株式については、本件被相続人旧住所が住所地として登録されていたという共通点がある。別表1の順号1及び順号3の株式については、上記(2)のリ及びヌのとおり、同じ株主名簿管理人から所有株式数証明書を取得した他の株式とは登録された住所地が異なっていたことから、所有株式数証明書に記載されず、本件被相続人旧住所で再度交付申請する必要があると請求人に認識されないまま、見逃された可能性がある。また、上記(2)のルのとおり、別表1の順号2の株式については、当該株式を保管する証券会社がなく、株主名簿管理人も信託銀行ではないなど、他の株式とは異なっていたことから、所有株式数証明書が取得されないまま見逃された可能性がある。さらに、別表1の順号1及び順号4の株式については、株主名簿管理人又は証券会社からそれぞれ同一銘柄の他の株式に係る所有株式数証明書又は残高証明書等を既に取得済みであったことから、同順号1及び順号4の株式についてのみ、別途、所有株式数証明書を取得する必要があることを認識されないまま、見逃された可能性がある。加えて、上記(2)のヲのとおり、別表1の順号5ないし順号9の非上場株式に係る所有株式数証明書などの交付申請は、株式の発行会社又は株主名簿管理人に依頼する必要があったが、請求人は、本件税理士らから、証券会社とは別に株式の発行会社等に交付申請しなければならない場合があることについて教示されておらず、むしろ、上記1の(3)のニのと

おり、株式については証券会社から残高証明書等を取得して提出するよう指示を受けて、本件税理士の指示どおりに証券会社から残高証明書等を取得したのであるから、これで本件被相続人名義の株式については全て把握できたと誤認した可能性も否定できない。

これらの事情や、上記のとおり、本件各ノートが単なる備忘メモ的なものであったと考えられることからすると、本件各ノートの記載内容がよく顧みられないまま交付申請が行われたことにより、本件本人名義株式の所有株式数証明書などが取得されずに、本件当初申告書に計上されなかった可能性も否定できない。

以上に加えて、上記(2)のリ、カ、タ及びナのとおり、請求人は、本件被相続人宛の郵便物から判明した証券会社に管理委託されていた本件被相続人名義の株式については、全て残高証明書等を取得して本件当初申告書に相続財産として計上し、本件税理士から指示のなかった所有株式数証明書についても、株主名簿管理人から一部取得し、取得したものは全て本件税理士らに提出し、本件調査の際には、本件調査担当職員に対して、調査の一助とすべく自発的に本件各ノートを提出している。また、本件被相続人名義の株式のうち、残高証明書等及び所有株式数証明書を取得したと認められるもの以外のものについても、請求人及び本件長男がこれらを取得したにもかかわらず、本件税理士らに提出しなかったものがあったとは認められない。そして、請求人が取得して、請求人及び本件長男が本件税理士らに提出した所有株式数証明書については、その一部は本件税理士により所有株式数証明書の株式が本件当初申告書に計上されなかったものの、所有株式数証明書自体は全て本件当初申告書に添付されていた。

これらを併せ検討すると、請求人において、本件被相続人名義の株式に係る残高証明書等及び所有株式数証明書などを漏れなく取得しているか、本件当初申告書に計上した財産と本件税理士らに提出した残高証明書等及び所有株式数証明書の内容とが一致しているかなどの確認を怠ったことは認められるものの、本件本人名義株式を相続税の申告財産から除外するために、あえて所有株式数証明書などを取得しなかった又は本件税理士に本件各ノート等の資料を提出しなかったとまでは認め難い。その他、当審判所の調査及び審理の結果によっても、請求人が、本件本人名義株式に係る所有株式数証明書などを取得せず、本件税理士らに本件各ノート等の資料を提出しなかった行為について、隠蔽の行為そのものであると

か、当初から相続財産を過少に申告することを意図した上、その意図を外部から
もうかがい得る特段の行動に出たものと認めるに足る事情は認められない。

ロ　本件先代名義株式について

　本件先代名義株式は、本件各ノートに記載があるものの、請求人は、本件税理
士らに対し、本件先代名義株式に係る所有株式数証明書や本件各ノート等の資料
を提出しなかった。

　しかしながら、上記(2)のソのとおり、本件先代名義株式を含む本件先代の相続
に係る財産については、本件被相続人と本件義弟との間で清算が完了しないまま
本件相続が開始したこと、未清算であった本件先代の相続に係る財産のうち預金
については、本件当初申告までに清算が完了し、当該清算に基づいて本件当初申
告書において相続財産に計上されていること、本件先代名義株式は、その種類も
多い上、本件先代の遺産分割協議書の記載から株式数等に変動もあって、当該株
式を把握すること自体困難であったこと、本件当初申告書を提出するまでに、請
求人及び本件長男と本件義弟との間で、本件先代名義株式の帰属について協議が
整わなかったことが認められる。また、上記(2)のホ、ヨ及びレのとおり、請求人
及び本件長男は、本件税理士から本件先代の相続に係る遺産分割協議書の写しを
渡されたものの、それ以上の具体的な指示を受けていないこと、本件税理士らか
ら本件先代名義株式について資料提出を促されなかったことなどの各事情があっ
た。これらのことから、請求人において、本件義弟との間でその帰属が具体的に
決まらない状態であった本件先代名義株式について、本件当初申告に当たり、本
件被相続人に帰属するものであることが明らかになるまで申告する必要がないと
誤解した可能性は否定できない。

　なお、上記(2)のロのとおり、本件税理士は、請求人に対し、本件被相続人以外
の名義であっても本件被相続人が管理運用していたものは相続財産になり得る旨
の説明をしているものの、当該説明について書面も交付せず口頭で説明したにす
ぎないことや、その後の本件税理士らの対応等からすれば、請求人が上記のよう
な誤解をしたとしても不思議ではない。

　さらに、上記イのとおり、本件各ノートは単なる備忘メモ的なものにすぎない
上、上記(2)のナのとおり、請求人は、本件調査の際には、本件調査担当職員に対
して調査の一助とすべく自ら本件各ノートを提出するなどしている。

以上の事情を勘案すると、請求人において、本件先代名義株式を相続税の申告財産から除外するために、あえて所有株式数証明書を取得しなかったものとは認め難く、その他、当審判所の調査及び審理の結果によっても、請求人が、本件先代名義株式に係る所有株式数証明書を取得せず、本件税理士らに本件各ノート等の資料を提出しなかった行為について、隠蔽の行為そのものであるとか、当初から相続財産を過少に申告することを意図した上、その意図を外部からもうかがい得る特段の行動に出たものと認めるに足る事情は認められない。

ハ　本件長男名義株式について

　本件長男名義株式は、本件各ノートに記載があるものの、請求人は、本件税理士らに対し、本件長男名義株式に係る残高証明書等及び所有株式数証明書並びに本件各ノート等を提出しなかった。

　しかしながら、請求人は、本件長男から、本件長男名義株式に係る株主優待券を借り受けたことがある旨答述していることや、上記イのとおり、本件各ノートが単なる備忘メモ的なものにすぎないことなどに照らすと、本件税理士が、請求人に対し、本件被相続人以外の名義であっても原資が本件被相続人のものや、本件被相続人が管理運用していたものは相続財産になり得る旨口頭で説明したことがあった点を考慮しても、請求人が、本件長男名義株式は本件長男に帰属するものと考えて、残高証明書等及び所有株式数証明書を取得しなかった可能性は否定できない。

　さらに、上記(2)のナのとおり、請求人は、本件調査の際には、本件調査担当職員に対して調査の一助とすべく自ら本件各ノートを提出するなどしている。

　以上の事情を勘案すると、請求人において、本件長男名義株式を相続税の申告財産から除外するために、あえて残高証明書等及び所有株式数証明書を取得しなかったものとは認め難く、その他、当審判所の調査及び審理の結果によっても、請求人が、本件長男名義株式に係る残高証明書等及び所有株式数証明書を取得せず、本件税理士らに本件各ノート等の資料を提出しなかった行為について、隠蔽の行為そのものであるとか、当初から相続財産を過少に申告することを意図した上、その意図を外部からもうかがい得る特段の行動に出たものと認めるに足る事情は認められない。

ニ　小括

以上によれば、請求人が、本件税理士らに対し、本件各株式に係る資料を提出せず、本件各株式を本件当初申告書に計上しなかったことについて、隠蔽の行為そのものであるとか、当初から相続財産を過少に申告することを意図した上、その意図を外部からもうかがい得る特段の行動をしたものとは認められないから、請求人に、重加算税の賦課要件である通則法第68条第1項に規定する「隠蔽し、又は仮装し」に該当する事実はないといわざるを得ない。

(4)　原処分庁の主張について

　原処分庁は、上記3の「原処分庁」欄のとおり、本件本人名義株式のうち別表1の順号1の株式及び本件義父名義株式のうち同順号10ないし順号12の株式について、本件当初申告の後に請求人が、本件口座振替手続や本件買取請求手続を行っていることからも、本件各株式について、相続財産としての認識があった旨主張する。

　しかしながら、上記(3)のイのとおり、請求人は、本件税理士らの指示どおりに証券会社から残高証明書等を取得して提出していたため、本件本人名義株式は、本件当初申告書に計上されていると思い込んでいた可能性が否定できないことに加え、請求人において、本件被相続人の相続財産となる株式の把握が適切にできていなかった状況がうかがわれることからすれば、意図せず本件当初申告書に計上されなかった可能性も十分に考えられるところであり、別表1の順号1の株式につき、請求人が、本件当初申告の後に本件口座振替手続や本件買取請求手続を行っていたとしても、本件当初申告の際に相続財産として認識しながら、あえて申告財産から除外したとまでは認められない。

　また、本件先代名義株式をめぐっては、本件当初申告の時点において本件義弟との間で協議が整っておらず、そのため本件当初申告において申告の必要がないと誤解した可能性があることは上記(3)のロのとおりであって、本件当初申告の後に、どのような経緯で、本件先代名義株式の一部である別表1の順号10ないし順号12の株式のみについて本件口座振替手続が行われることとなったのかも定かでないことからすれば、これらの株式につき、請求人が、本件当初申告の後に本件口座振替手続を行っていたとしても、相続財産として認識しながら、あえて申告財産から除外したとまでは認められない。

　原処分庁の主張する「特段の行動」とは、結局のところ、請求人が本件各株式について本件各ノートに記載することで本件各株式を本件被相続人の相続財産と明確

に認識した上で、過少申告の意図を持って、あえて本件各ノートや本件各ノートの記載の基となった資料を本件税理士らに渡さなかったことをいうものであるところ、請求人は、本件調査担当職員及び当審判所の質問に対して、要領を得ない回答が多く、請求人自身の申述及び答述からは、本件各ノートの作成目的等を明らかにすることはできない。

それゆえ、本件各ノートの記載事項自体からこれらを明らかにするしかないが、上記(3)のイのとおり、本件各ノートは、その記載状況からみて、単なる備忘メモ的なものであったと考えられることからすれば、請求人が、本件税理士らを含む第三者に提出する目的で本件各ノートを作成したものではないことは推認できる。このような本件各ノートの性質に加えて、上記(2)のナのとおり、本件調査において、本件調査担当職員との間で、特定の株式の銘柄が話題になった際には、請求人自ら資料がある旨申し出て、本件調査担当職員に本件各ノートを提出したこと、同リ及びカのとおり、請求人及び本件長男は、交付申請などにより取得した残高証明書等及び所有株式数証明書を本件税理士らに提出している状況などから、あえて本件各ノートや本件各ノートの記載の基となった資料を本件税理士らに提出していなかったとまでは認められないことなど、これら本件当初申告書の提出の前後の請求人及び本件長男の行為や言動に鑑みると、請求人が、単に本件各ノートや本件各ノートの記載の基となった資料を本件税理士らに提出しなかったことをもって、通則法第68条第1項に規定する「隠蔽し、又は仮装し」に該当する事実があったとみることは困難であり、当該事実につき過少申告の意図を外部からもうかがい得る特段の行動に該当するものとも認められない。

したがって、原処分庁の主張には理由がない。

(5) 本件重加算税賦課決定処分の適法性について

上記(3)のとおり、請求人が本件各株式を本件当初申告の相続財産に含めなかったことについて、請求人に通則法第68条第1項に規定する「隠蔽し、又は仮装し」に該当する事実があるとは認められないことから、同項の重加算税の賦課要件を満たしていない。

他方、請求人につき、本件各株式が修正申告前の税額の計算の基礎とされていなかったことについて、通則法第65条第1項に規定する要件を満たしているところ、同条第4項第1号に規定する正当な理由があるとは認められない。

そして、本件重加算税賦課決定処分のその他の部分については、請求人は争わず、当審判所に提出された証拠資料等によっても、これを不相当とする理由は認められない。

　したがって、本件重加算税賦課決定処分は、過少申告加算税相当額を超える部分の金額につき違法があるから、その一部を別紙「取消額等計算書」のとおり取り消すのが相当である。

(6)　結論

　よって、審査請求には理由があるから、原処分の一部を別紙「取消額等計算書」のとおり取り消すこととする。

別表 1　本件各株式（省略）

別表 2　審査請求に至る経緯（省略）

別紙　取消額等計算書（省略）

事例4 （重加算税　隠ぺい、仮装の認定　認めなかった事例）

> **請求人の母が相続財産の一部の株式を申告していなかったことについて、隠蔽、仮装に該当する事実があると認めることはできないとして、重加算税の賦課決定処分を取り消した事例**（平成29年11月相続開始に係る相続税の重加算税の賦課決定処分・一部取消し・令和4年6月24日裁決）
>
> 《ポイント》
> 　本事例は、請求人が相続税の申告書を作成するための資料収集等を委任していた請求人の母が申告漏れとなっていた株式を当初申告の相続財産に含めなかったことについて、国税通則法第68条第1項に規定する「隠蔽し、又は仮装し」に該当する事実があったとは認められず、請求人についても、「隠蔽し、又は仮装し」に該当する事実があるとは認められないとしたものである。

《要旨》

　原処分庁は、被相続人の相続に係る相続税の申告書（本件申告書）に被相続人の名義の株式の一部等が計上されていないことについて、請求人の母（本件母）に国税通則法第68条《重加算税》第1項に規定する「隠蔽し、又は仮装し」に該当する事実があり、請求人が本件申告書を作成するための資料収集等を本件母に委任し、請求人にはその選任及び監督につき過失がないとする特段の事情はなく、請求人は本件母と同視可能である者と認められることから、請求人にも、国税通則法第68条第1項に規定する「隠蔽し、又は仮装し」に該当する事実があった旨主張する。

　しかしながら、本件母が、隠蔽の行為そのものであるとか、当初から相続財産を過少に申告することを意図した上、その意図を外部からもうかがい得る特段の行動をしたとは認められないことから、本件母に「隠蔽し、又は仮装し」に該当する事実はなく、請求人についても、「隠蔽し、又は仮装し」に該当する事実はないといわざるを得ない。

《参照条文等》

　国税通則法第68条第1項

《参考判決・裁決》
　最高裁平成 7 年 4 月28日第二小法廷判決（民集49巻 4 号1193頁）

（令和4年6月24日裁決）

《裁決書（抄）》

1 事 実

(1) 事案の概要

　　本件は、審査請求人（以下「請求人」という。）が、原処分庁所属の調査担当職員の調査を受けて相続税の修正申告をしたところ、原処分庁が、他の相続人が行った相続財産の隠蔽の行為は請求人の行為と同視することができるとして重加算税の賦課決定処分を行ったのに対し、請求人が、当該他の相続人には隠蔽の行為はないことから、請求人自身にも隠蔽の行為はないとして、重加算税の賦課決定処分のうち、過少申告加算税相当額を超える部分の取消しを求めた事案である。

(2) 関係法令

　　国税通則法（以下「通則法」という。）第68条《重加算税》第1項は、通則法第65条《過少申告加算税》第1項の規定に該当する場合において、納税者がその国税の課税標準等又は税額等の計算の基礎となるべき事実の全部又は一部を隠蔽し、又は仮装し、その隠蔽し、又は仮装したところに基づき納税申告書を提出していたときは、当該納税者に対し、政令で定めるところにより、過少申告加算税の額の計算の基礎となるべき税額（その税額の計算の基礎となるべき事実で隠蔽し、又は仮装されていないものに基づくことが明らかであるものがあるときは、当該隠蔽し、又は仮装されていない事実に基づく税額として政令で定めるところにより計算した金額を控除した税額）に係る過少申告加算税に代え、当該基礎となるべき税額に100分の35の割合を乗じて計算した金額に相当する重加算税を課す旨規定している。

(3) 基礎事実

　　当審判所の調査及び審理の結果によれば、以下の事実が認められる。

　イ　F（以下「本件被相続人」という。）は、平成29年11月〇日（以下「本件相続開始日」という。）に死亡し、本件被相続人に係る相続（以下「本件相続」という。）が開始した。

　ロ　本件相続に係る相続人は、本件被相続人の配偶者であるG（以下「本件母」という。）及び長男である請求人の2名である。

　　　なお、本件母は、本件相続開始日において〇歳であり、株式の取引経験はなかった。

ハ　請求人及び本件母は、本件相続に係る相続税（以下「本件相続税」という。）
　　の申告について、申告書の作成を含めた税務代理をH税理士法人に依頼した。

ニ　H税理士法人のJ税理士（以下「本件税理士」という。）は、相談に訪れた請
　　求人及び本件母に対し、相続財産を把握するため、本件被相続人宛の郵便物を調
　　べるとともに、証券会社から株式に係る残高証明書を取得して提出するよう指示
　　した。

ホ　本件母は、上記ニの指示を受け、自宅に届いた配当通知書等の郵便物の内容を
　　確認することにより把握した本件被相続人名義、本件被相続人の実父であり請求
　　人の祖父であるK（平成12年8月○日相続開始。以下「本件祖父」という。）名
　　義、本件被相続人の実母であり請求人の祖母であるL（平成13年8月○日相続開
　　始。以下「本件祖母」といい、本件祖父と併せて「本件先代」という。）名義及
　　び請求人名義の各株式について、銘柄、株式数及び配当金額等を2冊のノート
　　（以下「本件各ノート」という。）に記載していた。

ヘ　本件母は、平成31年3月25日付で、別表1の順号10ないし順号12の本件祖父名
　　義の株式について、同年4月10日付で、同順号1の本件被相続人名義の株式につ
　　いて、株主名簿管理人である信託銀行に対して管理口座を本件母名義の口座へ振
　　り替える手続（以下「本件口座振替手続」という。）を行った。

　　　また、平成31年4月10日付で、別表1の順号1の本件被相続人名義の株式につ
　　いて、単元未満株式の買取りを求める手続（以下「本件買取請求手続」という。）
　　を行った。

(4)　審査請求に至る経緯等

イ　請求人は、本件相続税について、本件母と共同で相続税の申告書に、別表2の
　　「当初申告」欄のとおり記載して、法定申告期限までに申告した（以下、当該申
　　告を「本件当初申告」といい、本件当初申告に係る申告書を「本件当初申告書」
　　という。）。

　　　なお、本件当初申告において申告した株式は、いずれも本件被相続人名義の株
　　式であった。

ロ　原処分庁所属の調査担当職員（以下「本件調査担当職員」という。）は、令和
　　元年9月から同年12月にかけて本件相続税の調査（以下「本件調査」という。）
　　を行い、本件母に対し、本件各ノートに記載があるにもかかわらず、本件税理士

に株主名簿管理人が発行する所有株式数証明書等が提出されず、相続財産として本件当初申告書に計上されなかった株式がある旨を指摘した。

ハ　請求人は、本件調査担当職員の指摘を受けて、本件相続税について、別表2の「修正申告」欄のとおり記載した修正申告書を令和元年12月26日に提出した。

ニ　原処分庁は、請求人に対し、令和2年1月24日付で、本件相続税について、別表2の「賦課決定処分」欄のとおり、過少申告加算税及び重加算税の各賦課決定処分をした。

ホ　請求人は、上記ニの各賦課決定処分のうち、重加算税の賦課決定処分に不服があるとして令和2年4月15日に審査請求をした。

ヘ　その後、請求人は、本件相続税について、別表2の「更正の請求」欄のとおりとすべき旨の更正の請求を令和2年12月24日にしたところ、原処分庁は、令和3年3月22日付で、別表2の「更正処分」欄のとおり、相続税の更正処分及び重加算税の変更決定処分をした（以下、この変更決定処分によりその一部が取り消された後の上記ニの賦課決定処分を「本件重加算税賦課決定処分」という。）。

　　なお、本件当初申告書に計上されず、本件重加算税賦課決定処分の対象とされた株式は、別表1のとおりである（以下、同表の順号1ないし順号9の本件被相続人名義の株式を併せて「本件本人名義株式」、同順号10ないし順号28の本件祖父名義の株式を併せて「本件祖父名義株式」、同順号29ないし順号44の本件祖母名義の株式と本件祖父名義株式を併せて「本件先代名義株式」、同順号45の請求人名義の株式を「本件請求人名義株式」、同順号1ないし順号45の株式を併せて「本件各株式」とそれぞれいう。）。

2　争　点

　　請求人に、通則法第68条第1項に規定する「隠蔽し、又は仮装し」に該当する事実があったか否か。

3　争点についての主張

原処分庁	請求人
以下のとおり、本件母には、通則法第68条第1項に規定する「隠蔽し、又は仮装し」に該当する事実があった。	以下のとおり、本件母には、通則法第68条第1項に規定する「隠蔽し、又は仮装し」に該当する事実はなかったから、本件

そして、請求人は、本件当初申告書を作成するための株式に係る残高証明書の収集を本件母に委任していたところ、その選任及び監督につき請求人に過失がないとする特段の事情はないことから、請求人の行為は、本件母の行為と同視できるものと認められる。

　よって、請求人にも、通則法第68条第1項に規定する「隠蔽し、又は仮装し」に該当する事実があった。

当初申告に必要な財産の把握を本件母に委任していた請求人にも、同項に規定する「隠蔽し、又は仮装し」に該当する事実はなかった。

(1)　本件各株式が相続財産であることの認識について

　イ　本件母は、本件相続が開始した後、名義人ごとの株式一覧を本件各ノートに記載するなどして、本件各株式を含む相続財産を管理していた。

　　そして、本件各ノートには、証券会社に保管がない株式に関して、株主名簿の管理機関である信託銀行名や口座振替手続の具体的な記載がされていることに加え、本件母は、本件当初申告の後に、別表1の順号1及び順号10ないし順号12の株式について、本件口座振替手続や本件買取請求手続を行っていた。

　　そうすると、本件母は、証券会社に保管されていない株式が存在し、株主名簿の管理機関である各信託銀行に保管されていたことも十分に認識してい

(1)　本件各株式が相続財産であることの認識について

　イ　本件各ノートは、本件母が、自宅に届いた有価証券に係る郵便物を記載したメモにすぎず、本件当初申告のために作成したものではない。

　　本件母は、確かに本件口座振替手続や本件買取請求手続を行っているものの、これは、本件当初申告の後に、金融機関に対し、亡くなった者の名義の株式をどうしたらいいか相談したところ、金融機関から書類が送られてきたので、どの様な結果になるか分からないまま書類に署名して提出したものである。

た。

ロ　また、本件税理士は、本件相続税の相談に応じた際、請求人及び本件母に対し、本件被相続人以外の名義となっている財産であっても、原資が本件被相続人によるものや本件被相続人が管理運用していたものなどは、本件被相続人の財産となることの説明をした。

ハ　したがって、本件母は、遅くとも本件当初申告の時点において、本件各株式が本件被相続人の相続財産である旨を認識していたと認められる。

(2)　隠蔽又は仮装の行為について

　　本件税理士は、請求人及び本件母に対し、上記(1)のロの説明をした際、株式等について、証券会社から残高証明書を取得するよう指示していた。

　　本件各株式に関する資料及び本件各株式の内容を記載した本件各ノートがあるにもかかわらず、本件母は、本件各株式に関する資料及び本件各ノートを本件税理士に提出しなかった。

ロ　また、本件各株式のうち本件先代名義株式は、本件被相続人の弟（以下「本件叔父」という。）が、所有者が明確でなく本件当初申告書に記載すべきでない旨述べたことから、H税理士法人のM税理士（以下、本件税理士と併せて「本件税理士ら」という。）に伝えたところ、結果として、本件当初申告に計上されなかったものである。

ハ　したがって、本件母は、本件当初申告の時点において、本件各株式が本件被相続人の相続財産である旨を認識していたわけではない。

(2)　隠蔽又は仮装の行為について

　　本件母は、証券会社から入手した株式に係る残高証明書で、本件相続に係る株式を全て網羅していると思っていた。

　　また、本件母が本件各ノートを作成した理由は上記(1)のイのとおりであり、そもそも本件各ノートを本件税理士に提出する必要があるとも考えていなかった。

　　なお、本件母は、本件調査担当職員から、有価証券に係る記録などはないか聞かれ、自ら本件各ノートを提示しているところ、このことは本件母に相続財産を隠蔽する意図がなかったことを裏付ける事実である。

(3) 特段の行動があったといえるかについて	(3) 特段の行動があったといえるかについて
以上の事情によれば、本件母は、本件各株式が本件被相続人の相続財産である旨を十分認識していたにもかかわらず、本件税理士に本件各株式に係る資料等を渡さずに、本件税理士をして本件各株式を計上しない本件当初申告書を作成、提出させたものであって、当初から相続財産を過少に申告することを意図し、その意図を外部からもうかがい得る特段の行動をした上、その意図に基づき過少申告をしたものである。	以上の事情によれば、本件母には、当初から相続財産を過少に申告する意図はなく、その意図を外部からもうかがい得る特段の行動をしていないし、本件母に本件各株式の存在を隠蔽する意図はなかった。

4　当審判所の判断

(1)　法令解釈

　　通則法第68条第1項は、過少申告をした納税者が、その国税の課税標準等又は税額等の計算の基礎となるべき事実の全部又は一部を隠蔽し、又は仮装し、その隠蔽し、又は仮装したところに基づき納税申告書を提出していたときは、その納税者に対して重加算税を課する旨規定している。

　　この重加算税の制度は、納税者が過少申告をするについて隠蔽、仮装という不正手段を用いていた場合に、過少申告加算税よりも重い行政上の制裁を科することによって、悪質な納税義務違反の発生を防止し、もって申告納税制度による適正な徴税の実現を確保しようとするものである。

　　したがって、重加算税を課するためには、納税者のした過少申告行為そのものが隠蔽、仮装に当たるというだけでは足りず、過少申告行為そのものとは別に、隠蔽、仮装と評価すべき行為が存在し、これに合わせた過少申告がされたことを要するものである。しかし、上記の重加算税制度の趣旨に鑑みれば、架空名義の利用や資料の隠匿等の積極的な行為が存在したことまで必要であると解するのは相当でなく、納税者が、当初から所得を過少に申告することを意図し、その意図を外部からもう

かがい得る特段の行動をした上、その意図に基づく過少申告をしたような場合には、重加算税の上記賦課要件が満たされるものと解すべきである（最高裁平成7年4月28日第二小法廷判決・民集49巻4号1193頁参照）。

　　また、通則法第68条第1項は、重加算税の賦課要件として、隠蔽又は仮装行為の行為者について「納税者」と規定しているところ、重加算税制度の趣旨に鑑みれば、納税者以外の者が隠蔽又は仮装行為を行った場合であっても、それが納税者本人の行為と同視することができるときには、当該納税者に対して重加算税を賦課することができると解される。これを相続税についてみると、納税者が、相続税の課税標準等又は税額等の計算の基礎となるべき事実の把握を他の共同相続人に委任した場合に、当該共同相続人が、国税の課税標準等又は税額等の計算の基礎となるべき事実の全部又は一部について隠蔽又は仮装の行為を行い、それに基づいて過少申告が行われたときは、その共同相続人の選任及び監督について、納税者に過失がないと認められる等の特段の事情がある場合を除き、当該共同相続人の行為を納税者の行為と同視して、納税者に重加算税を賦課することができると解するのが相当である。

(2)　認定事実

　　請求人提出資料、原処分関係資料並びに当審判所の調査及び審理の結果によれば、以下の事実が認められる。

　イ　本件被相続人は、生前に、本件税理士に対して、所得税及び復興特別所得税の確定申告を依頼していた。また、本件税理士は、本件先代を被相続人とする相続税の申告の際の関与税理士でもあった。

　ロ　請求人及び本件母は、平成29年12月から平成30年2月頃までのいずれかの日に、H税理士法人の事務所において、本件税理士に対して、本件被相続人の財産について本件被相続人から何も聞かされておらず、どのような相続財産があるか把握していないことを伝えた。本件税理士は、上記1の(3)のニの指示をするとともに、本件被相続人以外の名義であっても、原資が本件被相続人のものや、本件被相続人が管理運用していたものには、本件被相続人の財産になるものがある旨説明した。

　ハ　本件税理士は、上記ロの説明を口頭で行い、請求人及び本件母に対し、その内容を記載した書面等は交付しなかった。

　ニ　請求人は、平成30年3月頃に、H税理士法人の事務所において、本件当初申告

書の提出までのスケジュールについて、本件税理士から、スケジュール表を交付されて説明を受けた。その際、本件被相続人の財産のうち、預貯金及び有価証券については請求人及び本件母が把握し、不動産については本件税理士が把握するとの役割が決められた。

ホ　本件税理士は、後日、請求人に対し、本件先代の相続に係る遺産分割協議書を本件被相続人の財産を把握する際の参考とするよう指示し、その写しを郵送したが、それ以上の具体的な指示はしなかった。

ヘ　請求人は、多忙を理由として、本件被相続人宛の郵便物から本件被相続人の財産を把握して残高証明書を取得することは本件母に委ね、自らは、M税理士から依頼を受けて、M税理士が自宅を訪れた際に本件母が取得した残高証明書や証券会社から送付された取引残高報告書（以下、証券会社が発行した残高証明書と併せて「残高証明書等」という。）を渡す役割を担った。

ト　本件被相続人と本件母は、住民票上、平成17年6月14日にa市b町○－○から同町△－△に転居したこととされているが、実際に同日、同町△－△に転居したのは本件被相続人のみであり、本件母は同町○－○に請求人と共に居住し続けていた（以下、同町○－○を「本件被相続人旧住所」といい、同町△－△を「本件被相続人新住所」という。）。

チ　本件母は、平成29年12月頃、本件被相続人宛の郵便物を受け取るために、本件被相続人新住所に郵送される本件被相続人宛の郵便物を本件被相続人旧住所に届くように転送手続をした。また、本件母は、本件被相続人宛の郵便物を本件被相続人旧住所で保管していた。

リ　本件母は、本件税理士から上記ロの指示を受けた後、本件被相続人宛の郵便物により判明した、本件被相続人との取引実績がある証券会社（N社、P社、Q社及びR社）に対し、本件被相続人名義の残高証明書等の交付申請を行うなどし、平成30年3月までにこれらを取得した。

　　また、本件母は、本件税理士からの指示はなかったものの、本件被相続人宛の郵便物などにより本件被相続人を株主名簿に記載していることが判明したS社に対しても、本件被相続人名義の所有株式数証明書の交付申請を行い、平成30年3月にこれを取得した。

　　なお、本件母が取得した残高証明書等及び所有株式数証明書の中に本件本人名

義株式に係るものはなく、上記のほかに、請求人及び本件母が証券会社や株主名
簿管理人に対し、本件被相続人名義の上場株式に係る残高証明書等及び所有株式
数証明書の交付申請を行った事実は確認できない。

ヌ　S社が管理する本件被相続人名義の株式には、本件被相続人新住所が住所地と
して登録されているものと、本件被相続人旧住所が住所地として登録されている
ものがあったが、上記リで本件母が取得した所有株式数証明書に記載された株式
は、いずれも本件被相続人新住所が住所地として登録されていた。

ル　本件本人名義株式のうち上場株式は、別表1の順号1ないし順号4の株式であ
るところ、これらの株式はいずれの証券会社の口座でも管理されておらず、その
うち、同順号1及び順号3の株式は、S社が株主名簿管理人、同順号2の株式は、
T社が株主名簿管理人、同順号4の株式は、U社が株主名簿管理人となっており、
いずれの株式についても、本件被相続人旧住所が本件被相続人の住所地として登
録された上で、各株主名簿管理人の下で管理されていた。

　　なお、本件相続開始日において、別表1の順号1及び順号4の株式のほかに、
これらと同一銘柄の本件被相続人名義の株式があったが、当該同一銘柄の株式に
ついては、本件母は、上記リのとおり、それぞれ、S社又はQ社から所有株式数
証明書又は残高証明書等を取得していた。

ヲ　本件本人名義株式のうち別表1の順号5ないし順号9の株式は、いずれも非上
場株式であり、同順号5ないし順号8の株式は当該株式の発行会社に、同順号9
の株式は株主名簿管理人に、それぞれ所有株式数証明書など所有株式数の分かる
書類を交付申請する必要があったが、本件母は、いずれの株式についても所有株
式数証明書などの交付申請を行わなかった。

　　なお、本件税理士らは、請求人及び本件母に対し、非上場株式について、証券
会社ではなく、株式の発行会社等から所有株式数の分かる書類を直接取得する必
要がある旨の注意喚起を行っていなかった。

ワ　本件母は、本件先代名義株式及び本件請求人名義株式について、証券会社や株
主名簿管理人に対し、残高証明書等及び所有株式数証明書の交付申請を行わなか
った。

カ　請求人及び本件母は、上記リの交付申請などによって取得した全ての残高証明
書等及び所有株式数証明書を、M税理士を介するなどして、本件税理士に提出し

た。

　　また、本件被相続人名義の株式のうち、上記リの交付申請などによって残高証明書等及び所有株式数証明書を取得したと認められるもの以外のものについて、請求人及び本件母が、残高証明書等又は所有株式数証明書を取得したにもかかわらず、本件税理士らに提出しなかったものがあった事実は確認できない。

ヨ　M税理士は、請求人から残高証明書等の資料を受け取るために４、５回ほど請求人及び本件母の自宅を訪れたが、その際、当該資料の取得手続の進捗状況やほかに申告するものがないかなどの確認はしたものの、相続財産の範囲について改めて注意喚起したり、資料の提出がない財産を具体的に指摘したりすることはなかった。

タ　本件税理士は、上記カのとおり提出された残高証明書等及び所有株式数証明書のうち、残高証明書等に基づいて本件当初申告書を作成した。上記カのとおり提出された残高証明書等及び所有株式数証明書は、全て本件当初申告書に添付されていたが、当該所有株式数証明書に記載された株式については、同様に提出された残高証明書等にも記載されていた２銘柄を除き、本件当初申告書に計上されなかった（これら本件当初申告書に所有株式数証明書の添付があるものの本件当初申告書に計上されなかった株式については、本件重加算税賦課決定処分の対象とはなっておらず、上記１の(4)のニの過少申告加算税の賦課決定処分の対象となっている。）。

レ　請求人及び本件母が、本件税理士と面談したのは、上記ロ及びニの説明の際並びに申告書の最終確認の際の計３回であり、本件税理士が、請求人及び本件母に対し、相続財産の範囲を改めて注意喚起したり、資料の提出がない財産を具体的に指摘したりすることはなかった。

ソ　本件先代に係る相続の状況等

　(イ)　本件相続開始日において、本件先代名義のままとなっている株式（本件先代名義株式）が別表１の順号10ないし順号44のとおり存在した。本件先代名義株式は、発行会社の合併等により、本件先代の相続に係る遺産分割協議書の記載とはその銘柄が異なるものがあったほか、本件先代名義株式の株式数は、当該遺産分割協議書に記載された株式数から大幅に変動（ほとんどが減少）していた。本件税理士は、本件相続開始日から本件相続税の申告期限までの間に、本

件叔父から、本件先代名義株式の帰属について相談を受けたが、本件税理士ら
では解決できないので自分たちで解決するよう回答した。

㈹　請求人は、平成30年３月から同年５月頃、本件叔父から、本件先代名義株式
の帰属の協議のため、本件先代名義株式に係る郵便物を本件叔父に交付するよ
う依頼され、本件叔父に当該郵便物を交付した。しかし、本件当初申告までに、
請求人及び本件母と本件叔父との間で、本件先代名義株式の帰属についての協
議は整わなかった。

㈯　本件相続開始日において、本件被相続人と本件叔父との間では、本件先代名
義株式のほかにも、清算未了の預金が多額に存在したが、これについては、本
件当初申告までに清算が完了したため、本件税理士は、当該清算により本件被
相続人の財産とされた範囲の預金を本件当初申告書に計上した。

ツ　本件各ノートにおける記載について

㈺　本件各ノートには、本件被相続人名義、本件先代名義及び請求人名義の各株
式の銘柄、株式数、配当金額、配当受領期間及び株主優待の内容などが手書き
で記載されているものの、本件各ノートの記載からは、各記載がされた日付は
明らかではない。本件各ノートのページの中には、その冒頭部分に株式の名義
人の名前などの表題が、その下に当該名義人に係る株式等がそれぞれ記載され
ているページもあるが、全てのページにおいて名義人や証券会社ごとの分類が
なされているわけではなく、株式の名義人が明らかでない記載を含むページも
多数存在する上、同じ株式に関する配当等の情報が複数回記載されているもの
もある。また、各ページは、名義人や証券会社ごとに整理されず、順不同であ
った。

　　本件各ノートには、株式以外の金融資産や不動産等の財産に関する情報の記
載もあるが、本件当初申告の際に相続財産とされた財産の全てが記載されてい
るわけではない。また、金融資産とは無関係と思われる商品名や格言などの書
き込みもされている。

㈹　本件各ノートのうちページの冒頭部分に本件被相続人の名前が表題として記
載された複数のページにおいて、本件当初申告書に相続財産として計上された
株式と共に本件本人名義株式についても銘柄、株式数及び配当金額等の記載が
あるが、各株式の記載の順番に規則性は認められない。

(ハ) 本件各ノートのうちページの冒頭部分に本件祖父の名前が表題として記載されたページには、本件祖父名義株式について銘柄、株式数及び配当金額等の記載がある。

(ニ) 本件各ノートのうちページの冒頭部分に本件祖母の名前が表題として記載されたページには、本件祖母名義の株式について銘柄、株式数及び配当金額等の記載がある。

(ホ) 本件各ノートのうちページの冒頭部分に本件被相続人の名前と請求人の名前が併せて表題として記載されたページには、本件被相続人名義の株式と共に、当該株式と同一銘柄の請求人名義の株式についても、その銘柄、株式数及び配当金額等の記載があり、その銘柄の記載の先頭部分に、請求人を表す「○」の記載がある。なお、本件各ノートのうち冒頭部分に「配当」と記載されたページには、「○○(F)」(「F」は、本件被相続人を表す。)及び「○○」の記載がある。

ネ 請求人及び本件母は、本件税理士らに対し、本件各ノートを提出しなかった。

ナ 本件母は、本件調査における本件調査担当職員とのやり取りの中で、特定の銘柄の株式が話題となった際、当該株式について自身が本件各ノートに記載した覚えがあったことから、資料がある旨申し出て、本件各ノートを本件調査担当職員に提出した。

(3) 検討

上記(2)のへのとおり、請求人は、本件当初申告書を作成するための相続財産の把握及び相続財産として把握した株式の残高証明書等の収集を本件母に委任し、株式に関し、本件母が把握して収集した資料に基づいて本件当初申告を行っていることから、請求人につき、通則法第68条第1項に規定する「隠蔽し、又は仮装し」に該当する事実があったといえるか否か判断する前提として、以下、本件母に、同項に規定する「隠蔽し、又は仮装し」に該当する事実があるか否かを検討する。

イ 本件本人名義株式について

本件本人名義株式は、本件各ノートに記載があるものの、本件母は、本件税理士らに対し、本件本人名義株式に係る所有株式数証明書、本件各ノートや本件被相続人宛の郵便物等の資料を提出しなかった。

もっとも、本件各ノートに関しては、上記(2)のツの(イ)及び(ロ)のとおり、本件本

人名義株式を含む本件被相続人名義の株式について乱雑に記載されている上、本件被相続人名義の株式に関する情報についても、本件各ノートの様々なページに分散して、整理されないまま記載されており、こうした状況からすれば、本件各ノートは、本件母において単なる備忘メモ的なものとして使用されていたと考えられる。

　そして、上記(2)のルによれば、本件本人名義株式のうち別表1の順号1ないし順号4の株式については、本件被相続人旧住所が住所地として登録されていたという共通点がある。別表1の順号1及び順号3の株式については、上記(2)のリ及びヌのとおり、同じ株主名簿管理人から所有株式数証明書を取得した他の株式とは登録された住所地が異なっていたことから、所有株式数証明書に記載されず、本件被相続人旧住所で再度交付申請する必要があると本件母に認識されないまま、見逃された可能性がある。また、上記(2)のルのとおり、別表1の順号2の株式については、当該株式を保管する証券会社がなく、株主名簿管理人も信託銀行ではないなど、他の株式とは異なっていたことから、所有株式数証明書が取得されないまま見逃された可能性がある。さらに、別表1の順号1及び順号4の株式については、株主名簿管理人又は証券会社からそれぞれ同一銘柄の他の株式に係る所有株式数証明書又は残高証明書等を既に取得済みであったことから、同順号1及び順号4の株式についてのみ、別途、所有株式数証明書を取得する必要があることを認識されないまま、見逃された可能性がある。加えて、上記(2)のヲのとおり、別表1の順号5ないし順号9の非上場株式に係る所有株式数証明書などの交付申請は、株式の発行会社又は株主名簿管理人に依頼する必要があったが、本件母は、本件税理士らから、証券会社とは別に株式の発行会社等に交付申請しなければならない場合があることについて教示されておらず、むしろ、上記1の(3)のニのとおり、株式については証券会社から残高証明書等を取得して提出するよう指示を受けて、本件税理士の指示どおりに証券会社から残高証明書等を取得したのであるから、これで本件被相続人名義の株式については全て把握できたと誤認した可能性も否定できない。

　これらの事情や、上記のとおり、本件各ノートが単なる備忘メモ的なものであったと考えられることからすると、本件各ノートの記載内容がよく顧みられないまま交付申請が行われたことにより、本件本人名義株式の所有株式数証明書など

が取得されずに、本件当初申告書に計上されなかった可能性も否定できない。

　以上に加えて、上記(2)のリ、カ、タ及びナのとおり、本件母は、本件被相続人宛の郵便物から判明した証券会社に管理委託されていた本件被相続人名義の株式については、全て残高証明書等を取得して本件当初申告書に相続財産として計上し、本件税理士から指示のなかった所有株式数証明書についても、株主名簿管理人から一部取得し、取得したものは全て本件税理士らに提出し、本件調査の際には、本件調査担当職員に対して、調査の一助とすべく自発的に本件各ノートを提出している。また、本件被相続人名義の株式のうち、残高証明書等及び所有株式数証明書を取得したと認められるもの以外のものについても、請求人及び本件母がこれらを取得したにもかかわらず、本件税理士らに提出しなかったものがあったとは認められない。そして、本件母が取得して、請求人及び本件母が本件税理士らに提出した所有株式数証明書については、その一部は本件税理士により所有株式数証明書の株式が本件当初申告書に計上されなかったものの、所有株式数証明書自体は全て本件当初申告書に添付されていた。

　これらを併せ検討すると、本件母において、本件被相続人名義の株式に係る残高証明書等及び所有株式数証明書などを漏れなく取得しているか、本件当初申告書に計上した財産と本件税理士らに提出した残高証明書等及び所有株式数証明書の内容とが一致しているかなどの確認を怠ったことは認められるものの、本件本人名義株式を相続税の申告財産から除外するために、あえて所有株式数証明書などを取得しなかった又は本件税理士に本件各ノート等の資料を提出しなかったとまでは認め難い。その他、当審判所の調査及び審理の結果によっても、本件母が、本件本人名義株式に係る所有株式数証明書などを取得せず、本件税理士らに本件各ノート等の資料を提出しなかった行為について、隠蔽の行為そのものであるとか、当初から相続財産を過少に申告することを意図した上、その意図を外部からもうかがい得る特段の行動に出たものと認めるに足る事情は認められない。

ロ　本件先代名義株式について

　本件先代名義株式は、本件各ノートに記載があるものの、本件母は、本件税理士らに対し、本件先代名義株式に係る所有株式数証明書や本件各ノート等の資料を提出しなかった。

　しかしながら、上記(2)のソのとおり、本件先代名義株式を含む本件先代の相続

に係る財産については、本件被相続人と本件叔父との間で清算が完了しないまま本件相続が開始したこと、未清算であった本件先代の相続に係る財産のうち預金については、本件当初申告までに清算が完了し、当該清算に基づいて本件当初申告書において相続財産に計上されていること、本件先代名義株式は、その種類も多い上、本件先代の遺産分割協議書の記載から株式数等に変動もあって、当該株式を把握すること自体困難であったこと、本件当初申告書を提出するまでに、請求人及び本件母と本件叔父との間で、本件先代名義株式の帰属について協議が整わなかったことが認められる。また、上記(2)のホ、ヨ及びレのとおり、請求人及び本件母は、本件税理士から本件先代の相続に係る遺産分割協議書の写しを渡されたものの、それ以上の具体的な指示を受けていないこと、本件税理士らから本件先代名義株式について資料提出を促されなかったことなどの各事情があった。これらのことから、本件母において、本件叔父との間でその帰属が具体的に決まらない状態であった本件先代名義株式について、本件当初申告に当たり、本件被相続人に帰属するものであることが明らかになるまで申告する必要がないと誤解した可能性は否定できない。

なお、上記(2)のロのとおり、本件税理士は、本件母に対し、本件被相続人以外の名義であっても本件被相続人が管理運用していたものは相続財産になり得る旨の説明をしているものの、当該説明について書面も交付せず口頭で説明したにすぎないことや、その後の本件税理士らの対応等からすれば、本件母が上記のような誤解をしたとしても不思議ではない。

さらに、上記イのとおり、本件各ノートは単なる備忘メモ的なものにすぎない上、上記(2)のナのとおり、本件母は、本件調査の際には、本件調査担当職員に対して調査の一助とすべく自ら本件各ノートを提出するなどしている。

以上の事情を勘案すると、本件母において、本件先代名義株式を相続税の申告財産から除外するために、あえて所有株式数証明書を取得しなかったものとは認め難く、その他、当審判所の調査及び審理の結果によっても、本件母が、本件先代名義株式に係る所有株式数証明書を取得せず、本件税理士らに本件各ノート等の資料を提出しなかった行為について、隠蔽の行為そのものであるとか、当初から相続財産を過少に申告することを意図した上、その意図を外部からもうかがい得る特段の行動に出たものと認めるに足る事情は認められない。

ハ　本件請求人名義株式について

　　本件請求人名義株式は、本件各ノートに記載があるものの、本件母は、本件税理士らに対し、本件請求人名義株式に係る残高証明書等及び所有株式数証明書並びに本件各ノート等を提出しなかった。

　　しかしながら、本件母は、請求人から、本件請求人名義株式に係る株主優待券を借り受けたことがある旨答述していることや、上記イのとおり、本件各ノートが単なる備忘メモ的なものにすぎないことなどに照らすと、本件税理士が、本件母に対し、本件被相続人以外の名義であっても原資が本件被相続人のものや、本件被相続人が管理運用していたものは相続財産になり得る旨口頭で説明したことがあった点を考慮しても、本件母が、本件請求人名義株式は請求人に帰属するものと考えて、残高証明書等及び所有株式数証明書を取得しなかった可能性は否定できない。

　　さらに、上記(2)のナのとおり、本件母は、本件調査の際には、本件調査担当職員に対して調査の一助とすべく自ら本件各ノートを提出するなどしている。

　　以上の事情を勘案すると、本件母において、本件請求人名義株式を相続税の申告財産から除外するために、あえて残高証明書等及び所有株式数証明書を取得しなかったものとは認め難く、その他、当審判所の調査及び審理の結果によっても、本件母が、本件請求人名義株式に係る残高証明書等及び所有株式数証明書を取得せず、本件税理士らに本件各ノート等の資料を提出しなかった行為について、隠蔽の行為そのものであるとか、当初から相続財産を過少に申告することを意図した上、その意図を外部からもうかがい得る特段の行動に出たものと認めるに足る事情は認められない。

ニ　小括

　　以上によれば、本件母が、本件税理士らに対し、本件各株式に係る資料を提出せず、本件各株式を本件当初申告書に計上しなかったことについて、隠蔽の行為そのものであるとか、当初から相続財産を過少に申告することを意図した上、その意図を外部からもうかがい得る特段の行動をしたものとは認められないから、本件母に、重加算税の賦課要件である通則法第68条第1項に規定する「隠蔽し、又は仮装し」に該当する事実はないといわざるを得ない。

　　よって、請求人は、本件当初申告書を作成するための相続財産の把握等を本件

母に委任し、株式に関し、本件母が把握して収集した資料に基づいて本件当初申告を行っていることから、請求人についても通則法第68条第1項に規定する重加算税の賦課要件である「隠蔽し、又は仮装し」に該当する事実はないといわざるを得ない。

(4) 原処分庁の主張について

　原処分庁は、上記3の「原処分庁」欄のとおり、本件本人名義株式のうち別表1の順号1の株式及び本件祖父名義株式のうち同順号10ないし順号12の株式について、本件当初申告の後に本件母が、本件口座振替手続や本件買取請求手続を行っていることからも、本件各株式について、相続財産としての認識があった旨主張する。

　しかしながら、上記(3)のイのとおり、本件母は、本件税理士らの指示どおりに証券会社から残高証明書等を取得して提出していたため、本件本人名義株式は、本件当初申告書に計上されていると思い込んでいた可能性が否定できないことに加え、本件母において、本件被相続人の相続財産となる株式の把握が適切にできていなかった状況がうかがわれることからすれば、意図せず本件当初申告書に計上されなかった可能性も十分に考えられるところであり、別表1の順号1の株式につき、本件母が、本件当初申告の後に本件口座振替手続や本件買取請求手続を行っていたとしても、本件当初申告の際に相続財産として認識しながら、あえて申告財産から除外したとまでは認められない。

　また、本件先代名義株式をめぐっては、本件当初申告の時点において本件叔父との間で協議が整っておらず、そのため本件当初申告において申告の必要がないと誤解した可能性があることは上記(3)のロのとおりであって、本件当初申告の後に、どのような経緯で、本件先代名義株式の一部である別表1の順号10ないし順号12の株式のみについて本件口座振替手続が行われることとなったのかも定かでないことからすれば、これらの株式につき、本件母が、本件当初申告の後に本件口座振替手続を行っていたとしても、相続財産として認識しながら、あえて申告財産から除外したとまでは認められない。

　原処分庁の主張する「特段の行動」とは、結局のところ、本件母が本件各株式について本件各ノートに記載することで本件各株式を本件被相続人の相続財産と明確に認識した上で、過少申告の意図を持って、あえて本件各ノートや本件各ノートの記載の基となった資料を本件税理士らに渡さなかったことをいうものであるところ、

本件母は、本件調査担当職員及び当審判所の質問に対して、要領を得ない回答が多く、本件母自身の申述及び答述からは、本件各ノートの作成目的等を明らかにすることはできない。

それゆえ、本件各ノートの記載事項自体からこれらを明らかにするしかないが、上記(3)のイのとおり、本件各ノートは、その記載状況からみて、単なる備忘メモ的なものであったと考えられることからすれば、本件母が、本件税理士らを含む第三者に提出する目的で本件各ノートを作成したものではないことは推認できる。このような本件各ノートの性質に加えて、上記(2)のナのとおり、本件調査において、本件調査担当職員との間で、特定の株式の銘柄が話題になった際には、本件母自ら資料がある旨申し出て、本件調査担当職員に本件各ノートを提出したこと、同リ及びカのとおり、請求人及び本件母は、交付申請などにより取得した残高証明書等及び所有株式数証明書を本件税理士らに提出している状況などから、あえて本件各ノートや本件各ノートの記載の基となった資料を本件税理士らに提出していなかったとまでは認められないことなど、これら本件当初申告書の提出の前後の請求人及び本件母の行為や言動に鑑みると、本件母が、単に本件各ノートや本件各ノートの記載の基となった資料を本件税理士らに提出しなかったことをもって、通則法第68条第1項に規定する「隠蔽し、又は仮装し」に該当する事実があったとみることは困難であり、当該事実につき過少申告の意図を外部からもうかがい得る特段の行動に該当するものとも認められない。

したがって、原処分庁の主張には理由がない。

(5) 本件重加算税賦課決定処分の適法性について

上記(3)のとおり、本件母が本件各株式を本件当初申告の相続財産に含めなかったことについて、本件母に通則法第68条第1項に規定する「隠蔽し、又は仮装し」に該当する事実があるとは認められないことから、請求人についても、同項に規定する「隠蔽し、又は仮装し」に該当する事実は認められず、同項の重加算税の賦課要件を満たしていない。

他方、請求人につき、本件各株式が修正申告前の税額の計算の基礎とされていなかったことについて、通則法第65条第1項に規定する要件を満たしているところ、同条第4項第1号に規定する正当な理由があるとは認められない。

そして、本件重加算税賦課決定処分のその他の部分については、請求人は争わず、

当審判所に提出された証拠資料等によっても、これを不相当とする理由は認められない。

　したがって、本件重加算税賦課決定処分は、過少申告加算税相当額を超える部分の金額につき違法があるから、その一部を別紙「取消額等計算書」のとおり取り消すのが相当である。

(6)　結論

　よって、審査請求には理由があるから、原処分の一部を別紙「取消額等計算書」のとおり取り消すこととする。

別表1　本件各株式（省略）

別表2　審査請求に至る経緯（省略）

別紙　取消額等計算書（省略）

二　所得税法関係

〈令和4年4月～6月分〉

事例5 （配当所得　所得の発生　みなし配当）

> **持分会社の社員の死亡退社に伴う持分払戻請求権の価額相当額のうち、出資した金額を超える部分はみなし配当に該当するとした事例**（平成28年分の所得税及び復興特別所得税の更正処分及び過少申告加算税の賦課決定処分・棄却・令和4年6月2日裁決）
>
> 《ポイント》
> 　本事例は、持分会社の社員が死亡退社した場合には、その社員の有していた社員権が死亡と同時に持分払戻請求権に転換し、その転換した時点において、持分払戻請求権の価額のうち元本（出資）を超える部分が、所得税法第25条第1項の規定により剰余金の配当等（みなし配当）として当該死亡社員の所得を構成すると判断したものである。

《要旨》
　請求人らは、持分会社の社員（本件被相続人）の死亡退社に伴う持分払戻請求権（本件払戻請求権）について、その払戻額を零円とすることが持分会社の総社員による同意で決定されており、相続人である請求人らに対し金銭その他の資産の交付はされていないから、所得税法第25条《配当等とみなす金額》第1項の規定によって配当等とみなされる金額はない旨主張する。

　しかしながら、当該持分会社の定款には会社法第608条《相続及び合併の場合の特則》第1項に規定する持分の承継に関する定めがないことからすれば、本件被相続人は死亡退社により本件払戻請求権を取得したものと認められ、本件被相続人が有していた社員権（出資）が本件払戻請求権に転換した時点、すなわち、相続開始日において本件払戻請求権の価額相当額の経済的価値が本件被相続人にもたらされたといえる。したがって、当該価額相当額のうち、出資に対応する部分の金額を超える金額は、本件被相続人のみなし配当と認められる。

《参照条文等》
　所得税法第24条，第25条第1項第6号

会社法第607条第1項第3号、第608条第1項、第611条第1項、第2項

《参考判決・裁決》

　神戸地裁平成4年12月25日判決（税資193号順号7054）

　東京地裁平成20年7月15日判決（税資258号順号10990）

（令和4年6月2日裁決）

《裁決書（抄）》

1 事　実

(1) 事案の概要

　　本件は、原処分庁が、合資会社の無限責任社員が死亡退社したことに伴い発生し

た持分払戻請求権の価額のうち当該社員の出資額を超える金額は、当該社員に対す

る配当とみなされるとして、所得税等の更正処分等を行ったことに対し、当該社員

の相続人である審査請求人Aほか4名（以下「請求人ら」という。）が、上記持分

払戻請求権に係る金銭等の交付を受けておらず、配当とみなされる金額はないなど

として、原処分の全部の取消しを求めた事案である。

(2) 関係法令等

　イ　国税通則法（以下「通則法」という。）第65条《過少申告加算税》第4項柱書

　　及び同項第1号は、同条第1項又は第2項に規定する納付すべき税額の計算の基

　　礎となった事実のうちにその更正前の税額の計算の基礎とされていなかったこと

　　について正当な理由があると認められるものがある場合には、これらの項に規定

　　する納付すべき税額からその正当な理由があると認められる事実に基づく税額と

　　して政令で定めるところにより計算した金額を控除して、これらの項の規定を適

　　用する旨規定している。

　ロ　所得税法（平成29年法律第4号による改正前のもの。以下同じ。）第24条《配

　　当所得》第1項は、配当所得とは、法人から受ける剰余金の配当、利益の配当、

　　剰余金の分配、投資信託及び投資法人に関する法律第137条《金銭の分配》の金

　　銭の分配、基金利息並びに投資信託及び特定受益証券発行信託の収益の分配に係

　　る所得をいう旨規定している。

　ハ　所得税法第25条《配当等とみなす金額》第1項柱書及び同項第5号は、法人の

　　株主等が、当該法人からの社員の退社による持分の払戻しにより金銭その他の資

　　産の交付を受けた場合において、その金銭の額及び金銭以外の資産の価額の合計

　　額が当該法人の法人税法第2条《定義》第16号に規定する資本金等の額のうちそ

　　の交付の基因となった当該法人の株式又は出資に対応する部分の金額を超えると

　　きは、その超える部分の金額に係る金銭その他の資産は、所得税法第24条第1項

　　に規定する剰余金の配当、利益の配当、剰余金の分配又は金銭の分配（以下、こ

— 79 —

れらを併せて「剰余金の配当等」という。）とみなす旨規定している（以下、この規定により剰余金の配当等とみなされる金銭その他の資産を「みなし配当」という。）。

ニ　所得税法第36条《収入金額》第1項は、その年分の各種所得の金額の計算上収入金額とすべき金額又は総収入金額に算入すべき金額は、別段の定めがあるものを除き、その年において収入すべき金額（金銭以外の物又は権利その他経済的な利益をもって収入する場合には、その金銭以外の物又は権利その他経済的な利益の価額）とする旨規定している。

ホ　所得税法施行令（平成29年政令第105号による改正前のもの。）第61条《所有株式に対応する資本金等の額又は連結個別資本金等の額の計算方法等》第2項柱書及び同項第5号イは、所得税法第25条第1項第5号に掲げる事由の生じた法人が一の種類の株式を発行していた法人（口数の定めがない出資を発行する法人を含む。）である場合には、同項に規定する株式又は出資に対応する部分の金額は、当該法人の当該事由の直前の資本金等の額を当該直前の発行済株式等の総数で除して計算した金額に同項に規定する株主等が当該直前に有していた当該法人の当該事由に係る株式の数を乗じて計算した金額（当該直前の資本金等の額が零以下である場合には、零）とする旨規定している。

ヘ　財産評価基本通達（昭和39年4月25日付直資56ほか国税庁長官通達。ただし、平成29年4月27日付課評2－12ほかによる改正前のもの。以下「評価通達」という。）194《持分会社の出資の評価》は、会社法第575条《定款の作成》第1項に規定する持分会社（合名会社、合資会社又は合同会社をいう。以下同じ。）に対する出資の価額は、評価通達178《取引相場のない株式の評価上の区分》から評価通達193－3《上場新株予約権の評価》までの定めに準じて計算した価額によって評価する旨定めている。

ト　会社法第607条《法定退社》第1項柱書及び同項第3号は、持分会社の社員は、死亡により退社する旨規定している。

チ　会社法第608条《相続及び合併の場合の特則》第1項は、持分会社は、その社員が死亡した場合において、当該社員の相続人が当該社員の持分を承継する旨を定款で定めることができる旨規定している。

リ　会社法第611条《退社に伴う持分の払戻し》第1項は、退社した持分会社の社

員は、同法第608条第1項及び第2項の規定により当該社員の相続人その他の一般承継人が社員となった場合を除き、その出資の種類を問わず、その持分の払戻しを受けることができる旨規定し、同法第611条第2項は、退社した社員と持分会社との間の計算は、退社の時における持分会社の財産の状況に従ってしなければならない旨規定している。

(3) 基礎事実

　　当審判所の調査及び審理の結果によれば、次の事実が認められる。

イ　請求人らは、平成28年10月○日に死亡したD（以下「本件被相続人」という。）の共同相続人である（以下、本件被相続人の死亡により開始した相続を「本件相続」といい、本件相続の開始日を「本件相続開始日」という。）。

ロ　本件被相続人は、昭和25年2月○日に設立されたE社（以下「本件合資会社」という。）の無限責任社員であった。

　　なお、本件相続の開始直前における本件合資会社に対する出資の総額は2,000,000円であり、このうち本件被相続人の出資（以下「本件出資」という。）の額は○○○○円であった。

ハ　本件合資会社の定款には、社員が死亡した場合に当該社員の相続人が当該社員の持分を承継する旨の定め及びその場合の持分の払戻しに関する定めはなく、また、社員の退社による持分の払戻しの計算方法に関する定めもない。

ニ　請求人らは、本件合資会社の社員として、死亡により退社した本件被相続人の本件合資会社に対する持分払戻請求権（以下「本件払戻請求権」という。）の払戻金額を零円とすることに同意する旨を記載した平成29年1月28日付の「同意書」と題する書面（以下「本件同意書」という。）を作成した。

　　なお、請求人らのほかに本件合資会社の社員はいない。

ホ　本件被相続人の共同相続人である請求人らは、本件被相続人の遺産について遺産分割協議を行い、本件払戻請求権について、請求人らが各5分の1を取得する旨を記載した平成29年7月16日付の遺産分割協議書を作成した。

ヘ　本件合資会社は、本件相続開始日から原処分が行われた令和元年8月9日までの間において、請求人らに対して本件払戻請求権に係る金銭の交付を行っていない。

ト　国税庁ホームページに登載された質疑応答事例《持分会社の退社時の出資の評

価》（以下「本件質疑応答事例」という。）は、持分会社の社員が死亡によって退社し、その持分の払戻しを受ける場合の評価方法について、「持分の払戻請求権として評価し、その価額は、評価すべき持分会社の課税時期における各資産を財産評価基本通達の定めにより評価した価額の合計額から課税時期における各負債の合計額を控除した金額に、持分を乗じて計算した金額となります。」とし、その関係法令として、会社法第611条第2項を挙げている。

(4) 審査請求に至る経緯

イ　請求人らは、本件被相続人に係る平成28年分の所得税及び復興特別所得税（以下「所得税等」という。）について、確定申告書に別表1の「確定申告」欄のとおり記載して法定申告期限までに申告した（以下「本件申告」という。）。

ロ　原処分庁は、これに対し、みなし配当に係る所得（以下「本件みなし配当所得」という。）が申告されていないとして、令和元年8月9日付で別表1の「更正処分等」欄のとおり、更正処分（以下「本件更正処分」という。）及び過少申告加算税の賦課決定処分（以下「本件賦課決定処分」という。）をした。

ハ　請求人らは、上記ロの各処分を不服として、令和元年11月6日に別表1の「再調査の請求」欄のとおり再調査の請求をしたところ、再調査審理庁は、令和2年1月29日付で、いずれも棄却の再調査決定をした。

ニ　請求人らは、再調査決定を経た後の上記ロの各処分に不服があるとして、令和2年2月26日に審査請求をするとともに、Aを総代として選任し（以下、総代であるAを「請求人A」という。）、その旨を当審判所に届け出た。

2　争　点

(1) 本件被相続人が本件合資会社を死亡退社したことにより、本件被相続人において、みなし配当が認められるか否か（争点1）。

(2) 請求人らが、本件申告の際に、本件みなし配当所得を申告しなかったことについて、通則法第65条第4項第1号に規定する「正当な理由」があると認められるか否か（争点2）。

3　争点についての主張

(1) 争点1（本件被相続人が本件合資会社を死亡退社したことにより、本件被相続人において、みなし配当が認められるか否か。）について

原処分庁	請求人ら
合資会社の社員等の死亡退社による持分の払戻しの場合には、社内に蓄積された利益が社外に流出するといえることから、退社による持分払戻請求権に係る所得のうち出資の額を超える部分は利益の配当とみなすことができる。	合資会社の無限責任社員の持分払戻金額は、会社の内部関係に関する事項として、定款及び総社員の同意で決定することができる。
加えて、所得税法第25条第1項は社員の退社により「金銭その他の資産の交付を受けた場合」について利益の配当等とみなす旨を規定しているところ、これは、金銭その他の資産が実際に交付された場合だけでなく、同様の経済的利益をもたらす場合も含まれると解される。	本件合資会社では、総社員の同意により本件払戻請求権の払戻金額は零円として確定していることから、請求人らは、その支払を受けていない。
そして、本件被相続人は、本件相続開始日において、死亡により本件合資会社を退社し、それと同時に本件払戻請求権を取得しているところ、当該取得により、実質的に利益配当に相当する法人利益が本件被相続人へ帰属したといえることから、金銭その他の資産が実際に交付されていなくても、同様の経済的利益を得たものといえる。	そして、所得税法第25条は、社員の退社により「金銭その他の資産の交付を受けた場合」について利益の配当等とみなす旨を規定しているところ、請求人らは、本件被相続人の死亡退社に伴って、金銭その他の資産の交付を受けていない。
なお、本件被相続人の退社に伴う本件払戻請求権として評価すべき金額は○○○○円であり、本件出資の額○○○○円を超える部分の金額は、○○○○円である。	したがって、本件被相続人において、みなし配当は認められない。
したがって、本件被相続人において、みなし配当○○○○円が認められる。	

(2) 争点2 (請求人らが、本件申告の際に、本件みなし配当所得を申告しなかったことについて、通則法第65条第4項第1号に規定する「正当な理由」があると認められるか否か。) について

請求人ら	原処分庁
請求人らは、本件相続開始日以降、本件払戻請求権について原処分庁所属の職員に相談していたが、当該職員らによる話の内容は統一性がなく、基準が変わり、課税関係が明確でなかったことから、適正な課税について納税者として判断することは困難であった。 　したがって、本件申告において本件みなし配当所得を申告しなかったことについて、通則法第65条第4項第1号に規定する「正当な理由」がある。	通則法第65条第4項第1号に規定する「正当な理由」があると認められる場合とは、過少申告になったことについて、真に納税者の責めに帰することのできない客観的な事情があり、納税者に過少申告加算税を課すことが不当又は酷と評される場合であるが、請求人らが主張する事情はこれに該当しない。 　したがって、請求人らが、本件申告において、本件みなし配当所得を申告しなかったことについて、通則法第65条第4項第1号に規定する「正当な理由」はない。

4　当審判所の判断

(1) 争点1 (本件被相続人が本件合資会社を死亡退社したことにより、本件被相続人において、みなし配当が認められるか否か。) について

イ　法令解釈

　　所得税法第25条第1項第5号は、法人からの社員の退社による持分の払戻しにより当該社員が交付を受ける金銭の額及び金銭以外の資産の価額の合計額が当該法人の資本金等の額のうちその交付の基因となった当該法人の出資に対応する部分の金額を超えるときは、その超える部分の金額に係る金銭その他の資産を剰余金の配当等とみなす旨規定しているところ、これは、法人が退社した社員に対して持分を払い戻すことは、形式的には法人の利益配当に当たらないものの、当該社員が入社してから退社するまでの間に社内に蓄積された利益積立金が持分の払戻しという形で社外へ流出するものであって、実質的には利益配当に相当するということができるから、これを剰余金の配当等とみなして課税することとしたも

のである。

ロ　当てはめ

(イ)　会社法第607条第1項柱書及び同項第3号は、持分会社の社員は、死亡により退社する旨規定しているところ、本件被相続人は、平成28年10月○日に死亡したので、同日において本件合資会社を退社したことが認められる。

そして、会社法第611条第1項は、退社した持分会社の社員は、同法第608条第1項及び第2項の規定により当該社員の一般承継人が社員となった場合を除き、その出資の種類を問わず、その持分の払戻しを受けることができる旨を、同法第611条第2項は、退社した社員と持分会社との間の計算は、退社の時における持分会社の財産の状況に従ってしなければならない旨をそれぞれ規定しており、上記1の(3)のハのとおり、本件合資会社の定款に社員が死亡した場合に、当該社員の相続人が当該社員の持分を承継する旨の定めは設けられていないから、本件被相続人は、死亡退社時の本件合資会社の財産の状況に従って、その持分の払戻しを受けることとなる。

そうすると、本件被相続人は、平成28年10月○日に本件合資会社を死亡退社したことにより、同日、本件合資会社に対しその持分の払戻しを請求できる権利（本件払戻請求権）を取得したものと認められる。

(ロ)　ところで、所得税法は、現実の収入がなくとも、その収入の原因たる権利が確定した場合には、その時点で所得の実現があったものとして課税するという、いわゆる権利確定主義を採用しているところ、持分会社の社員が死亡退社した場合には、その社員の有していた社員権（出資）が死亡と同時に持分払戻請求権に転換し、その転換した時点において、持分払戻請求権の価額のうち元本（出資）を超える部分が、所得税法第25条第1項の規定により剰余金の配当等（みなし配当）として当該死亡社員の所得を構成するものと解される。本件の場合には、上記1の(3)のへのとおり、本件払戻請求権を承継した共同相続人である請求人らに対して本件相続開始日から令和元年8月9日までの間に本件払戻請求権に係る金銭の支払はされていないのであるが、上記(イ)のとおり、本件被相続人は死亡と同時に本件払戻請求権を取得したのであるから、本件被相続人について社員権が本件払戻請求権に転換した時点、すなわち本件相続開始日において、本件払戻請求権の価額相当額の経済的価値が本件被相続人にもたら

されたといえ、所得税法第25条の「金銭その他の資産の交付を受けた場合」に該当し、このうち本件出資に対応する部分を超える金額が、剰余金の配当等として本件被相続人の所得を構成するものと認められる。

(ハ) 会社法第611条第2項は、退社した社員と持分会社との間の計算は、退社の時における持分会社の財産の状況に従ってしなければならない旨規定し、また、上記1の(3)のハのとおり、本件合資会社の定款に退社による持分の払戻し及び払戻しの計算に関する特段の定めは設けられていないから、本件合資会社は、本件払戻請求権に基づき本件被相続人あるいは共同相続人である請求人らに対し、本件被相続人の死亡退社の時における本件合資会社の財産の状況に応じた持分の払戻しをすることになると認められる。そうすると、退社により本件被相続人にもたらされた経済的価値、すなわち本件払戻請求権の価額については、本件被相続人の死亡退社の時における本件合資会社の財産の状況により決せられることとなる。この点、本件払戻請求権の価額について、原処分においては、本件相続開始日における本件合資会社の各資産を評価通達の定めにより評価した価額の合計額から、本件相続開始日における各負債の合計額を控除した金額に、本件出資の本件合資会社に対する出資割合を乗じて計算しており、この計算方法は、本件被相続人の退社時の本件合資会社の財産の状況に従った合理的な方法と認められ、当審判所の調査及び審理の結果によっても、これと異なる計算方法によることが相当と認められる事情もない。

したがって、上記計算方法により計算すると、本件払戻請求権の価額は○○○○円となり、当該価額が、本件被相続人が本件合資会社から死亡退社したことによる持分の払戻しとして本件被相続人にもたらされた経済的価値に相当すると認められる。

以上によれば、本件被相続人は、本件相続開始日に、本件合資会社から死亡退社による持分の払戻しとして本件払戻請求権を取得し、本件払戻請求権の価額（○○○○円）に相当する金銭その他の資産の交付を受けたのであるから、このうち、その交付の基因となった本件出資に対応する部分の金額（○○○○円）を超える金額（○○○○円）について、本件被相続人のみなし配当と認められる。

ハ 請求人らの主張について

— 86 —

請求人らは、上記3の(1)の「請求人ら」欄のとおり、本件合資会社の総社員の同意により、本件払戻請求権の払戻金額は零円となるから、請求人らは、本件被相続人の死亡退社に伴って、本件合資会社から金銭その他の資産の交付を受けたことはなく、本件被相続人において、みなし配当は認められない旨主張する。

　　しかしながら、会社法第608条第1項は、持分会社は、その社員が死亡した場合における当該社員の相続人が当該社員の持分を承継する旨を定款で定めることができると規定しており、持分の払戻しを受けない場合には、定款の定めが必要であるところ、上記1の(3)のハのとおり、本件合資会社の定款に、死亡した社員の相続人が当該社員の持分を承継する旨の定めはない。そして本件同意書については、作成された経緯、目的が明らかでなく、また、本件同意書の作成後に共同相続人である請求人らにより本件払戻請求権に価値があることを前提とした遺産分割協議書が作成されるなど、本件同意書の内容と明らかに矛盾する内容の合意がされており、本件同意書の「持分払戻請求権の持分払戻額を0円とする」との記載の趣旨は明らかでないといわざるを得ない。また、仮に、請求人らの主張するとおり、本件同意書が請求人らの全員又はいずれかにより本件払戻請求権が行使された場合の払戻金額を零円とする意思決定を示すものだとしても、本件被相続人が本件相続開始日に本件払戻請求権を取得したとの事実の存在に変わりはないから、本件相続開始日以降に本件払戻請求権に基づく払戻金額を零円に減じることを決定したからといって、本件被相続人に死亡と同時に本件払戻請求権の価額に相当する経済的価値がもたらされたことに変わりはなく、これは、本件被相続人が死亡退社による持分の払戻しとして金銭その他の資産の交付を受けたものと評価できるものである。

　　したがって、請求人らの主張には理由がない。

(2)　争点2（請求人らが、本件申告の際に、本件みなし配当所得を申告しなかったことについて、通則法第65条第4項第1号に規定する「正当な理由」があると認められるか否か。）について

　イ　法令解釈

　　　通則法第65条が規定する過少申告加算税は、過少申告による納税義務違反の事実があれば、原則としてその違反者に対して課されるものであり、これによって、当初から適法に申告し納税した納税者との間の客観的不公平の実質的な是正を図

るとともに、過少申告による納税義務違反の発生を防止し、適正な申告納税の実現を図り、もって納税の実を挙げようとする行政上の措置である。この趣旨に照らせば、通則法第65条第4項第1号にいう「正当な理由があると認められる」場合とは、真に納税者の責めに帰することのできない客観的な事情があり、上記のような過少申告加算税の趣旨に照らしても、なお、納税者に過少申告加算税を賦課することが不当又は酷になる場合をいうものと解するのが相当である（最高裁平成18年4月20日第一小法廷判決・民集60巻4号1611頁参照）。

ロ　認定事実

当審判所の調査及び審理の結果によれば、次の事実が認められる。

(イ)　請求人Aは、平成28年11月15日、F税務署を訪れ、原処分庁所属の職員（以下「本件担当者」という。）に対し、本件相続に係る相続税の相談をし、本件担当者は、同日、請求人Aに対し、持分会社に対する出資に係る評価方法の概略を説明するとともに、本件質疑応答事例を参考にするよう指導した。

(ロ)　請求人Aは、平成28年12月20日、再びF税務署を訪れ、本件担当者に対し、本件払戻請求権に関して、実際の支払額を評価額とすればよいのか等を質問したことから、本件担当者は、平成29年1月12日、請求人Aに対し電話連絡を行い、持分会社の退社時は、定款の定めがない限り持分の払戻しを受けることになるところ、その評価方法は本件質疑応答事例の方法等による旨を回答した。

ハ　当てはめ及び請求人らの主張について

請求人らは、上記3の(2)の「請求人ら」欄のとおり、本件相続開始日以降、本件払戻請求権について原処分庁所属の職員に相談していたが、当該職員らの話は統一性がなく、基準が変わり、課税関係が明確ではなかったことから、請求人らにおいて、適正な課税について納税者として判断することは困難であり、本件申告が過少申告となったことについて、通則法第65条第4項第1号に規定する「正当な理由」がある旨主張する。

しかしながら、上記ロのとおり、本件担当者は、本件被相続人に係る所得税等の法定申告期限前において、本件相続に係る相続税に関し、請求人Aに対し、持分会社に対する出資は、定款の定めがない限り社員が死亡退社した場合には持分の払戻しとなり、その評価方法は本件質疑応答事例の方法等によることを説明していたにすぎないのであって、基準を変遷させたような説明を行ったものとは認

められず、本件みなし配当所得について申告をする必要がないと請求人らに認識
させるような回答や説明を行ったものとも認められない。このような事情に照ら
せば、請求人らが、本件みなし配当所得に係る所得税法等の規定について理解に
乏しく、そのため本件みなし配当所得を申告しなかったのであるとしても、上記
イの過少申告加算税の趣旨に照らしてなお、請求人らの責めに帰することのでき
ない客観的な事情があるとはいえず、他に請求人らの責めに帰することのできな
い客観的な事情も認められないことから、請求人らに過少申告加算税を賦課する
ことが不当又は酷になるとはいえない。

　以上によれば、請求人らが本件みなし配当所得を申告しなかったことについて、
通則法第65条第4項第1号に規定する「正当な理由」があるとは認められない。

(3)　本件更正処分の適法性について

　上記(1)のとおり、本件被相続人が本件合資会社を死亡退社したことにより、本件
被相続人において、みなし配当○○○○円が認められる。

　これに基づき、当審判所において本件被相続人の平成28年分の総所得金額及び納
付すべき税額を計算すると、別表1の「更正処分等」欄の各金額と同額となり、請
求人らの納付義務の各承継額は、それぞれ別表2の「本件更正処分」欄の各金額と
同額となる。

　また、本件更正処分のその他の部分については、請求人らは争わず、当審判所に
提出された証拠資料等によっても、これを不相当とする理由は認められない。

　したがって、本件更正処分は適法である。

(4)　本件賦課決定処分の適法性について

　上記(3)のとおり、本件更正処分は適法であり、また、上記(2)のとおり、請求人ら
が本件みなし配当所得を申告しなかったことについて、通則法第65条第4項第1号
に規定する「正当な理由」があるとは認められない。

　したがって、通則法第65条第1項及び第2項の規定に基づいてされた本件賦課決
定処分は適法である。

(5)　結論

　よって、審査請求は理由がないから、これを棄却することとする。

別表1　審査請求に至る経緯（省略）

別表2　請求人らの納付義務の承継額（省略）

別紙　共同審査請求人（省略）

裁決事例集（第127集）

令和5年2月10日　初版印刷
令和5年2月27日　初版発行

不　許
複　製

（一財）大蔵財務協会　理事長
発行者　　木　村　幸　俊

発行所　　一般財団法人　大　蔵　財　務　協　会

〔郵便番号　130-8585〕
東京都墨田区東駒形1丁目14番1号
（販　売　部）TEL 03（3829）4141・FAX 03（3829）4001
（出版編集部）TEL 03（3829）4142・FAX 03（3829）4005
URL　http://www.zaikyo.or.jp

本書は、国税不服審判所ホームページ掲載の『裁決事例集No. 127』より転載・編集
したものです。

落丁・乱丁は、お取替えいたします。　　　　　　印刷　㈱恵友社
ISBN978-4-7547-3090-1